일본어
멀티스터디의 모델

ありがとう
아 리 가 또 う~

日本語①
일 본 어

윤호숙, 겐코 히로아키, 김희박 공저

Nihongo
Factory

Foreign Copyright:
Joonwon Lee   Mobile: 82-10-4624-6629

Address: 3F, 127, Yanghwa-ro, Mapo-gu, Seoul, Republic of Korea
              3rd Floor
Telephone: 82-2-3142-4151
E-mail: jwlee@cyber.co.kr

ありがとう 日本語
아리가또 일본어 ❶

2009. 8. 17. 초 판 1쇄 발행
2024. 3. 6. 초 판 11쇄 발행

> 저자와의
> 협의하에
> 검인생략

지은이 | 윤호숙, 겐코히로아키, 김희박
펴낸이 | 이종춘

펴낸곳 | ㈜도서출판 **성안당**

주소 | 04032 서울시 마포구 양화로 127 첨단빌딩 3층(출판기획 R&D 센터)
     | 10881 경기도 파주시 문발로 112 파주 출판 문화도시(제작 및 물류)

전화 | 02) 3142-0036
     | 031) 950-6300

팩스 | 031) 955-0510
등록 | 1973. 2. 1. 제406-2005-000046호
출판사 홈페이지 | **www.cyber.co.kr**
ISBN | 978-89-315-8924-5 (13730)
정가 | 18,000원

이 책을 만든 사람들
기획 | 최옥현
진행 | 김해영
본문 디자인 | 박정현
표지 디자인 | 박원석
홍보 | 김계향, 유미나, 정단비, 김주승
국제부 | 이선민, 조혜란
마케팅 | 구본철, 차정욱, 오영일, 나진호, 강호묵
마케팅 지원 | 장상범
제작 | 김유석

■ 도서 A/S 안내

성안당에서 발행하는 모든 도서는 저자와 출판사, 그리고 독자가 함께 만들어 나갑니다.
좋은 책을 펴내기 위해 많은 노력을 기울이고 있습니다. 혹시라도 내용상의 오류나 오탈자 등이
발견되면 **"좋은 책은 나라의 보배"**로서 우리 모두가 함께 만들어 간다는 마음으로 연락주시기
바랍니다. 수정 보완하여 더 나은 책이 되도록 최선을 다하겠습니다.
성안당은 늘 독자 여러분들의 소중한 의견을 기다리고 있습니다. 좋은 의견을 보내주시는 분께는
성안당 쇼핑몰의 포인트(3,000포인트)를 적립해 드립니다.
잘못 만들어진 책이나 부록 등이 파손된 경우에는 교환해 드립니다.

머리말

최근 글로벌 시대를 맞아 활발하게 이루어지는 한일 양국의 교류를 위해 일본어 능력을 갖춘 양질의 일본어 전문가 양성이 급선무입니다. 또한 인터넷 기술의 발달과 더불어 멀티미디어를 활용한 다양한 교육방식이 어느 때보다 절실하게 요구되고 있습니다.

그러나 여전히 영어를 비롯한 모든 외국어 교육이 실용성만을 너무 강조한 나머지 회화중심 일변도로 치우치고 있습니다. 이러한 현상은 언어의 4기능인 읽기, 쓰기, 듣기, 말하기의 종합적인 능력 향상에 걸림돌이 되고 있으며 어학 교재 면에서도 멀티미디어 방식이 적극 도입되지 못하는 장애 요인으로 작용하고 있는 실정입니다.

일본어에 능통하려면 어휘력과 정확한 어법 지식이 필수적이나 이보다 앞서 기초 과정이 가장 중요하다고 할 수 있습니다.

본 교재는 이러한 점들을 감안하여 일본어를 전혀 모르는 학습자를 대상으로 일본어의 기본 문자인 히라가나와 가타카나의 습득 및 발음 연습을 정확하게 터득하게 한 뒤에 기본적인 어휘, 문형, 문법 학습을 통해 간단한 독해, 작문, 청취, 회화를 가능하게 하는 것을 목표로 하였습니다. 또한 어휘와 문장 등 전반적인 내용을 실용적이면서 알기 쉽게 구성하여 학습자들이 일본어를 재미있게 익혀서 일본어 구사 능력이 자연스럽게 향상될 수 있도록 했습니다.

이 밖에도 심화학습을 통해서는 각 과에서 배운 지식을 발전시켜 실생활에 응용할 수 있고, 동영상, MP3 CD, MP3 등 다양한 멀티미디어 교육기자재를 통해서는 일회성 학습방식을 지양하고 배운 내용을 반복 학습하는 기회를 제공함으로써 완벽한 기초 실력을 다질 수 있습니다.

따라서 본 교재는 일본어 학습자의 체계적인 기초 일본어 교육에 실질적으로 큰 도움이 되어줄 뿐만 아니라, 나아가서는 정확한 일본어 능력을 향상시켜 유능한 일본어 전문가를 육성하는 데에 그 토대를 마련해 줄 수 있을 것입니다.

본 교재가 완성되기까지 물심양면으로 애써주신 니혼고팩토리의 임직원을 비롯한 관계자 여러분께 진심으로 감사의 뜻을 전합니다.

2009년 8월 1일
저자 일동

목차 및 각 과의 학습 목표

이 교재의 구성과 특징

❶ 〈아리가또 일본어 시리즈〉는 모두 세 권으로 구성, 일본어의 입문 과정을 완벽하게 소화하고 초급 학습이 원활하게 이루어질 수 있도록 기획된 교재입니다.

❷ 이 교재는 총 19과와 종합문제 및 부록 등으로 구성되어 있습니다. 부록에는 우리 주변에서 흔히 볼 수 있는 사물들을 그림과 함께 소개한 おぼえましょう와 다양한 조수사, 각 품사별 기본 활용표, 문형연습, 연습문제, 듣기연습의 해답, 해석 등이 실려 있습니다.

❸ 각 과의 첫 페이지에는 각 과에서 배워야 할 학습 내용이 제시되어 있습니다.

❹ 이어서 각 과에서 익혀야 할 기본 단어인 **ダイアローグ単語**와 각 과의 메인 회화문인 **ダイアローグ**가 이어집니다. **ダイアローグ単語**는 기억하기 쉽도록 그림과 함께 실어 학습에 도움이 되도록 했습니다. 또한 **ダイアローグ**에서는 각 과의 학습 목표를 자연스럽게 익힐 수 있으면서도 일본생활의 다양한 상황을 간접경험할 수 있도록 현장감 있는 내용을 실었습니다.

❺ **文法**에서는 각 과에서 익혀야 할 문법 사항을 이해하기 쉽도록 정확한 설명 및 적절한 예문과 함께 해설했습니다. 필요한 경우에는 도표 등을 이용해 한눈에 알아볼 수 있도록 했습니다. 또한 심화학습을 위해 **チップ**란을 마련하여 다양한 학습 정보를 제공했습니다.

❻ **文型練習**에서는 각 과의 핵심 문법을 다양한 상황에 적용해 반복학습할 수 있도록 함으로써, 학습한 내용이 입에 붙도록 해 줄 것입니다. 교재에 주어진 상황 이외에도 여러 상황을 설정하여 연습하면 더욱 좋은 학습효과를 거두실 수 있습니다.

❼ **練習問題**는 각 과에서 익힌 내용을 점검하는 코너입니다. 충분히 학습되었다고 생각되는 시점에서 풀어 보시고, 틀린 문제는 꼭 복습하시기 바랍니다.

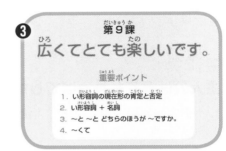

❽ 応用会話는 자유롭게 말하고 대화하도록 마련된 코너입니다. 교재에 제시된 상황 외에도 자신의 주위 상황에 맞춰서 융통성 있게 말하고 대화해 봄으로써, 응용회화 실력을 높일 수 있습니다.

❾ 聞き取り・書き取り練習에는 각 과의 ダイアローグ가 공란과 함께 실려 있습니다. 음성 녹음을 듣고 공란에 들어갈 말을 받아적어 봄으로써, 회화 학습의 필수 사항인 듣기 실력을 확실하게 기를 수 있습니다.

❿ 언어에는 그 나라의 문화가 녹아들어 있습니다. 따라서 본 교재에서는 日本文化란을 마련하여 꼭 알아야 할 일본의 문화를 사진 자료와 함께 재미있게 소개했습니다.

⓫ 마지막으로 부록에는 종합문제, おぼえましょう, 조수사, 각 품사의 활용, 해답, 해석 등이 수록되어 있습니다.

종합문제는 이 교재에서 학습한 모든 내용을 종합적으로 이용해 풀 수 있는 문제들이 수록되어 있습니다. 한 권의 학습을 어느 정도 소화했는지 자가점검해 보고, 틀린 문제들은 반드시 복습하여, 이해하지 못하고 지나치는 일이 없도록 하시기 바랍니다.

おぼえましょう에는 동물, 과일, 야채, 신체 등 생활과 밀접한 사물의 주요 이름들을 예쁜 그림들과 함께 실어, 지루하지 않고 효과적으로 각종 이름들을 익힐 수 있도록 했습니다. 필수 단어들인 만큼 꼭 익혀 두시기 바랍니다.

일상생활에서 숫자를 빼면 아마도 우리는 매우 어려운 생활을 하게 될 것입니다. 일상생활에 꼭 필요한 숫자 관련 표현들을 조수사 코너에 실어 두었습니다. 사물의 수, 사람의 수, 날짜, 시간 등 숫자 관련 표현을 잘 익혀 두시기 바랍니다.

까다로워 보이는 각 품사의 활용 또한 알기 쉽게 표로 정리해 두었습니다. 꼼꼼하게 챙겨 보시고, 확실한 자기 것으로 만드시기 바랍니다.

해답 코너에서는 文型練習과 練習問題, 聞き取り・書き取り練習의 해답이 실려 있습니다. 말해 보고 받아 적고, 풀어 본 문제들을 해답 코너를 통해 꼭 확인하시고, 틀린 부분에 대해서는 복습하시기 바랍니다.

해석 코너에는 ダイアローグ와 文法에 나와 있는 일본어 문장들에 대한 해석을 실어 두었습니다.

특별부록 이용법

1. 회화 본문 동영상 무료 제공

이 교재에는 다른 교재에서는 제공하지 않는 회화 본문 동영상을 제공합니다. 각 과의 ダイアローグ를 원어민들의 리얼 액션을 통해 실제 드라마처럼 감상하면서 학습하실 수 있습니다. 이는 문자와 음성만으로 학습하는 것보다 훨씬 높은 학습효 과를 제공함은 물론 학습의 흥미까지 제공함으로써, 지루함 없이 일본어의 입문 학 습을 끝까지 마칠 수 있도록 도와 드릴 것입니다.

2. 네이티브 녹음 MP3 무료 다운로드

이 교재에 실린 ダイアローグ와 文型練習, 書き取り練習 등을 생생한 네이티브의 음성으로 녹음한 MP3 파일을 담은 CD를 제공하고, 성안당 홈페이지(www.cyber. co.kr)를 통해서도 무료로 다운로드 받으실 수 있습니다. 특히 다이얼로그 회화는 한 마디 한 마디씩 따라서 말할 수 있도록 편집되어 있으므로, 더욱 효과적인 학습 을 하실 수 있습니다.

3. 별책부록 일본어 펜맨십

일본어 학습의 첫걸음이라고 할 수 있는 일본의 기본 문자들을 쓰기 연습할 수 있는 노트입니다. 정확한 모양과 순서가 제시되어 있으므로, 바르게 쓰는 연습을 하시기 바랍니다.

第 1 課
だい いっ か

일본어의 문자와 발음
히라가나

重要ポイント
じゅうよう

1. ひらがなと五十音図
   ごじゅうおんず
2. 清音、濁音、半濁音
   せいおん だくおん はんだくおん
3. 拗音、促音、撥音、長音
   ようおん そくおん はつおん ちょうおん

○ 일본어의 문자와 발음 – 히라가나

일본어를 표기할 때 쓰이는 문자에는 히라가나, 가타카나, 한자가 있다. 일반적으로는 한자와 히라가나를 섞어서 쓰고, 가타카나는 외래어나 고유어 등을 표기할 때 사용한다.

ボア	は	韓国人	です。
가타카나	히라가나	한자	히라가나

히라가나와 오십음도(五十音図)

히라가나는 기본글자가 46개로 이루어져 있는데, 이를 도표로 만든 것을 오십음도(五十音図)라고 부르며 세로를 행(行), 가로를 단(段)이라고 한다.

'행(行)'은 오십음도의 첫 번째 문자에 이름을 붙여서 あ(a)행, か(ka)행, さ(sa)행, た(ta)행……わ(wa)행이라고 한다. '단(段)'은 あ(a)단, い(i)단, う(u)단, え(e)단, お(o)단이라고 한다.

그러므로 あ(a)행에는 「あ・い・う・え・お」의 다섯 글자가 있고 か(ka)행에는 「か(ka)・き(ki)・く(ku)・け(ke)・こ(ko)」, さ(sa)행에는 「さ(sa)・し(si)・す(su)・せ(se)・そ(so)」 등 각각 다섯 글자씩 있다. あ(a)단은 あ(a), か(ka), さ(sa), た(ta), な(na), は(ha), ま(ma), や(ya), ら(ra), わ(wa)이다.

●오십음도(五十音図)

	あ행	か행	さ행	た행	な행	は행	ま행	や행	ら행	わ행
あ단	あ a	か ka	さ sa	た ta	な na	は ha	ま ma	や ya	ら ra	わ wa
い단	い i	き ki	し si	ち chi	に ni	ひ hi	み mi		り ri	
う단	う u	く ku	す su	つ tsu	ぬ nu	ふ hu	む mu	ゆ yu	る ru	
え단	え e	け ke	せ se	て te	ね ne	へ he	め me		れ re	
お단	お o	こ ko	そ so	と to	の no	ほ ho	も mo	よ yo	ろ ro	を wo

※ 현재는 일부 문자가 소멸해서 50개가 되지 않으나 50개의 음을 도표로 만든 것이라 하여 오십음도라 한다.

ん N

1. 청음(清音)

오십음도의 히라가나 음은 성대가 진동하지 않는 맑은 소리(무성음), 즉 청음(清音)이라고 하는데, 각 행의 발음을 살펴보면 다음과 같고 각 발음을 영어의 알파벳으로 표기한 것을 로마자라고 한다.

1) あ [a] 행

あ(a)행은 모음으로만 이루어져 있으며, 「あ · い · う · え · お」는 우리말 '아 · 이 · 우 · 에 · 오'와 발음이 비슷하다. 단, 「う」의 발음은 '우'와 '으'의 중간 음으로 우리말의 '으'를 발음한 상태에서 위아래 입술을 안쪽으로 약간 오므려 '우'로 발음한다. 이 때 입술을 앞으로 내밀지 않도록 주의한다.

2) か [ka] 행

か(ka)행의 「か · き · く · け · こ」는 あ(a)행의 「あ · い · う · え · お」 다섯 개 모음에 자음 「k」가 합해져 이루어지는데, 첫소리에 올 때는 'ㅋ'를 가볍게 내는 소리에 가깝고 단어 중간에 올 때는 'ㄲ'음에 가깝다. 「う」와 마찬가지로 「く」 발음에 주의한다.

3) さ [sa] 행

さ(sa)행의 「さ · し · す · せ · そ」는 あ(a)행의 「あ · い · う · え · お」 다섯 개 모음에 자음 「s」가 합해져 이루어지는데, 우리말 'ㅅ'에 가까운 음이다. 「う」와 마찬가지로 「す」 발음에 주의한다.

4) た [ta] 행

た(ta)행의 「た · て · と」는 모음 「あ · え · お」에 자음 「t」가 합해져 우리말 'ㅌ'에 가깝게 발음되나, 「ち」와 「つ」는 「chi([tʃi])」 「tsu([tsɯ])」로 발음하며 한국어에는 없는 음이므로 주의해야 한다.

5) **な[na] 행**

な(na)행의 「な・に・ぬ・ね・の」는 あ(a)행의 「あ・い・う・え・お」 다섯 개 모음에 자음 「n」이 합해져 이루어지는데, 우리말 'ㄴ'에 가까운 음이다.

6) **は[ha] 행**

は(ha)행의 「は・ひ・ふ・へ・ほ」는 あ(a)행의 「あ・い・う・え・お」 다섯 개 모음에 자음 「h」가 합해져 이루어지는데, 우리말 'ㅎ'에 가까운 음이나, 「ひ」와 「ふ」의 발음에 주의한다.

7) **ま[ma] 행**

ま(ma)행의 「ま・み・む・め・も」는 あ(a)행의 「あ・い・う・え・お」 다섯 개 모음에 자음 「m」이 합해져 이루어지는데, 우리말 'ㅁ'에 가까운 음이다.

8) **や[ya] 행**

や(ya)행의 「や・ゆ・よ」는 あ(a)행의 「あ・う・お」에 반모음 「j」가 합해져 이루어지는데, 우리말 '야・유・요'에 가까운 음이다.

9) **ら[ra] 행**

ら(ra)행의 「ら・り・る・れ・ろ」는 あ(a)행의 「あ・い・う・え・お」 다섯 개 모음에 자음 「r」이 합해져 이루어지는데, 우리말 'ㄹ'에 가까운 음이다. 영어의 [ℓ] 발음과는 다르므로 주의하자.

10) わ [wa] 행

わ(wa)행의 「わ・を」는 あ(a)행의 「あ・お」에 반모음 「w」가 합해져 이루어지는데, 우리말 '와・오'에 가까운 음이다.

| わ
wa | | | | を
wo |

발음연습

Track 02

きもの 기모노	さくら 벚꽃	さしみ 회	すきやき 냄비전골
しま 섬	たこやき 다코야키	たらい 대야	つめきり 손톱깎이
とり 새, 닭	なみ 파도, 물결	はなや 꽃가게	わかれ 이별

2. 탁음(濁音)

	が행	ざ행	だ행	ば행
あ단	が ga	ざ za	だ da	ば ba
い단	ぎ gi	じ zi	ぢ zi	び bi
う단	ぐ gu	ず zu	づ zu	ぶ bu
え단	げ ge	ぜ ze	で de	べ be
お단	ご go	ぞ zo	ど do	ぼ bo

3. 반탁음(半濁音)

	ぱ행
あ단	ぱ pa
い단	ぴ pi
う단	ぷ pu
え단	ぺ pe
お단	ぽ po

청음에 비해 성대가 진동하는 탁한 소리(유성음)라 하여 탁음이라 하는데, 가나 오른쪽 위에 탁음부호(ﾞ)를 찍어 나타낸다. 그러나 모든 행의 가나에 해당되는 것이 아니라 か행, さ행, た행, は행에만 해당된다. 반탁음은 ぱ행뿐이다.

1) が[ga] 행

か(ka)행의 「か・き・く・け・こ」에 탁음부호(ﾞ)를 찍어 나타내며 자음은 영어의 「g」 발음에 가깝다. 「く」와 마찬가지로 「ぐ」 발음에 주의.

2) ざ[za] 행

さ(sa)행의 「さ・し・す・せ・そ」에 탁음부호(ﾞ)를 찍어 나타내며 자음은 영어의 「z」 발음에 가깝다.

3) だ[da] 행

た(ta)행의 「た・ち・つ・て・と」에 탁음부호(ﾞ)를 찍어 나타내며 「だ・で・ど」의 자음은 영어의 「d」 발음에 가깝고 「ぢ」와 「づ」는 ざ행의 「じ」와 「ず」에 가깝다.

4) **ば [ba]** 행

は(ha)행의 「は · ひ · ふ · へ · ほ」에 탁음부호(˚)를 찍어 나타내며 자음은 영어의 「b」 발음에 가깝다.

ば	び	ぶ	べ	ぼ
ba	bi	bu	be	bo

5) **ぱ [pa]** 행

は(ha)행의 「は · ひ · ふ · へ · ほ」에 반탁음부호(°)를 찍어 나타내며 첫소리에 올 때의 자음은 영어 「p」 발음에 가깝고 중간에 올 때는 한국어 'ㅃ'에 가깝다.

ぱ	ぴ	ぷ	ぺ	ぽ
pa	pi	pu	pe	po

발음연습

Track 04

あご 턱	いざかや 선술집	うわぎ 윗저고리	げた 게타, 일본나막신	ざる 소쿠리
じこ 사고	そでなし 민소매	はなぢ 코피	そば 메밀	たばこ 담배
たまねぎ 양파	だるま 오뚝이, 달마	ひがし 동쪽	なべ 냄비	わりばし 나무젓가락

4. 요음(拗音)

청음, 탁음, 반탁음의 い단인 「き(ぎ)・し(じ)・ち(ぢ)・に・ひ(び, ぴ)・み・り」의 오른쪽 아래에 「や・ゆ・よ」를 작게 붙여 나타내며 이중모음의 한 음절로 발음한다.

●청음 요음

	きゃ행	しゃ행	ちゃ행	にゃ행	ひゃ행	みゃ행	りゃ행
あ단	きゃ kya	しゃ sya	ちゃ cha	にゃ nya	ひゃ hya	みゃ mya	りゃ rya
う단	きゅ kyu	しゅ syu	ちゅ chu	にゅ nyu	ひゅ hyu	みゅ myu	りゅ ryu
お단	きょ kyo	しょ syo	ちょ cho	にょ nyo	ひょ hyo	みょ myo	りょ ryo

●탁음과 반탁음 요음

	ぎゃ행	じゃ행	ぢゃ행	びゃ행	ぴゃ행
あ단	ぎゃ gya	じゃ zya	ぢゃ zya	びゃ bya	ぴゃ pya
う단	ぎゅ gyu	じゅ zyu	ぢゅ zyu	びゅ byu	ぴゅ pyu
お단	ぎょ gyo	じょ zyo	ぢょ zyo	びょ byo	ぴょ pyo

●요음의 구성

き ki + や ya → きゃ kya

ち chi + ゅ yu → ちゅ chu

ぴ pi + よ yo → ぴょ pyo

5. 촉음(促音)

촉음은「つ」를 다른 문자의 오른쪽 아래에 작게 붙여 쓰는 것을 말하는데, 발음「ん」과 마찬가지로 우리말의 받침 역할을 한다. 뒤에 오는 자음에 따라 음이 결정되며 약 한 박자의 길이로 발음한다는 것에 주의해야 한다.

1) か 행 앞에서는 [k]로 발음한다.

らっか
낙하

びっくり
깜짝놀람

2) さ 행 앞에서는 [s]로 발음한다.

まっすぐ
똑바로, 곧장

こっそり
남몰래, 살짝

3) た 행 앞에서는 [t]로 발음한다.

きって
우표

ぐっと
꿀꺽

4) ぱ 행 앞에서는 [p]로 발음한다.

いっぱい
가득

からっぽ
텅 빔

6. 발음(撥音)
はつおん

발음인 「ん」은 오십음도의 마지막 문자로 단독으로는 쓸 수 없고 반드시 다른 글자와 함께 쓰이며 우리말의 받침 역할을 한다. 단, 뒤에 오는 자음에 따라 음이 결정되며 한 박자 길이로 발음한다는 것에 주의한다.

1) 〔 か/が 〕행 앞에서는 [ng]으로 발음한다.

 きんこ
금고

 えんげき
연극

2) 〔 ば(ぱ)·ま 〕행 앞에서는 [m]으로 발음한다.

 さんぽ
산책

 あんま
안마

3) 〔 さ(ざ)·た(だ)·な·ら 〕행 앞에서는 [n]으로 발음한다.

 べんとう
도시락

 こんにゃく
곤약

4) 〔 あ·は·や·わ 〕행 앞에서는 [ng]으로 콧소리로 발음한다.

 ほんや
서점

 れんあい
연애

7. 장음(長音)
^{ちょうおん}

일본어에는 모음이 장음인 경우 뜻이 완전히 달라지기 때문에 매우 중요하다. 장음도 한 박자 더 길게 발음하는데, 보통 다음과 같이 표기하고 발음한다.

1) あ단 ああ (あ를 두 번 ああ라고 발음하는 것이 아니라 あ—라고 길게 끌어서 발음)

らーめん
라면

おかあさん
어머니

2) い단 いい (い를 두 번 いい라고 발음하는 것이 아니라 い—라고 길게 끌어서 발음)

おじいさん
할아버지

おにいさん
형 · 오빠

3) う단 うう (う를 두 번 うう라고 발음하는 것이 아니라 う—라고 길게 끌어서 발음)

くうき
공기

ふうせん
풍선

4) え단 ええ 또는 えい (え를 두 번 발음하거나 えい라고 발음하는 것이 아니라 え—라고 길게 끌어서 발음)

せんべい
센베, 일본전통 과자

せんせい
선생님

5) お단 おお 또는 おう (お를 두 번 발음하거나 おう라고 발음하는 것이 아니라 お—라고 길게 끌어서 발음)

ちょうちょう
나비

ようじ
이쑤시개

日本文化
<ruby>に<rt>に</rt></ruby> <ruby>ほん<rt>ほん</rt></ruby> <ruby>ぶん<rt>ぶん</rt></ruby> <ruby>か<rt>か</rt></ruby>

일본의 지리

● 위치

아시아대륙의 동쪽에 위치해 있으며, 태평양에 속하는 섬나라로 혼슈(本州), 시코쿠(四国), 홋카이도(北海道), 규슈(九州) 등 4개의 큰 섬과 6800여 개의 작은 섬으로 이루어져 있다.

홋카이도
(北海道)

규슈(九州)

혼슈(本州)

시코쿠(四国)

● 지형

동, 서, 남, 북의 모든 면이 바다와 접해 있으며, 국토는 남북으로 길게 뻗어 있고 화산이 많은 것이 특징이다. 혼슈의 중앙부에는 일본알프스(日本アルプス)라는 유명한 산악지대가 있고 세계적으로 유명한 후지산(富士山)이 두 개의 현(県)에 걸쳐 있다. 후지산은 3776m의 휴화산으로 일본 최고봉이며 경치가 매우 아름답다.

第2課
<ruby>第<rt>だい</rt></ruby><ruby>2<rt>に</rt></ruby><ruby>課<rt>か</rt></ruby>

일본어의 문자와 발음

가타카나

重要ポイント
<ruby>重要<rt>じゅうよう</rt></ruby>ポイント

1. 清音、濁音、半濁音
   <ruby>清音<rt>せいおん</rt></ruby>、<ruby>濁音<rt>だくおん</rt></ruby>、<ruby>半濁音<rt>はんだくおん</rt></ruby>

2. 拗音、促音、撥音、長音
   <ruby>拗音<rt>ようおん</rt></ruby>、<ruby>促音<rt>そくおん</rt></ruby>、<ruby>撥音<rt>はつおん</rt></ruby>、<ruby>長音<rt>ちょうおん</rt></ruby>

3. 외래어 표기법, 혼동하기 쉬운 발음, 틀리기 쉬운 외래어

일본어 문자와 발음 – 가타카나

가타카나(片仮名)는 한문을 읽기 위해 토를 다는 데에 사용한 문자가 기원인데, 한자의 일부 획을 이용해 만든 문자이다. 보통 외래어나 고유어, 의성어·의태어를 표기할 때 사용하는데, 최근 외래어 사용이 급증하여 가타카나도 상당히 많이 쓰이고 있다.

1. 청음(清音)
せい おん

 Track 09

히라가나와 마찬가지로 가타카나도 오십음도(五十音図)가 있으며 세로를 행(行)이라고 하고 가로를 단(段)이라고 한다. 오십음도의 기본음도 청음(清音)이며 다음과 같이 구성된다.

● 오십음도(五十音図)

	ア행	カ행	サ행	タ행	ナ행	ハ행	マ행	ヤ행	ラ행	ワ행
ア단	ア a	カ ka	サ sa	タ ta	ナ na	ハ ha	マ ma	ヤ ya	ラ ra	ワ wa
イ단	イ i	キ ki	シ si	チ chi	ニ ni	ヒ hi	ミ mi		リ ri	
ウ단	ウ u	ク ku	ス su	ツ tsu	ヌ nu	フ hu	ム mu	ユ yu	ル ru	
エ단	エ e	ケ ke	セ se	テ te	ネ ne	ヘ he	メ me		レ re	
オ단	オ o	コ ko	ソ so	ト to	ノ no	ホ ho	モ mo	ヨ yo	ロ ro	ヲ wo
										ン N

발음연습

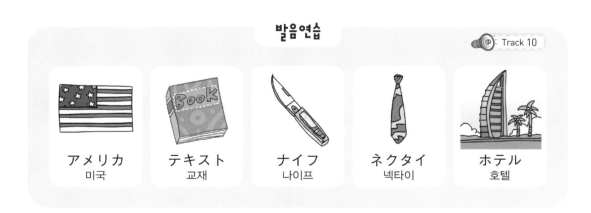 Track 10

アメリカ 미국　　テキスト 교재　　ナイフ 나이프　　ネクタイ 넥타이　　ホテル 호텔

2. 탁음(濁音)과 반탁음(半濁音)

가타카나의 탁음과 반탁음도 발음은 히라가나의 탁음, 반탁음과 같다.

● 탁음

	ガ행	ザ행	ダ행	バ행
ア단	ガ ga	ザ za	ダ da	バ ba
イ단	ギ gi	ジ zi	ヂ zi	ビ bi
ウ단	グ gu	ズ zu	ヅ zu	ブ bu
エ단	ゲ ge	ゼ ze	デ de	ベ be
オ단	ゴ go	ゾ zo	ド do	ボ bo

● 반탁음

	パ행
ア단	パ pa
イ단	ピ pi
ウ단	プ pu
エ단	ペ pe
オ단	ポ po

발음연습

ゴルフ
골프

テレビ
TV

バス
버스

バナナ
바나나

ビデオ
비디오

モデル
모델

ラジオ
라디오

パイ
파이

ピアノ
피아노

ポテト
포테이토, 감자

3. 요음(拗音)

청음, 탁음, 반탁음의 イ단인 「キ(ギ)·シ(ジ)·チ(ヂ)·ニ·ヒ(ビ, ピ)·ミ·リ」 오른쪽 아래에 「ャ·ュ· ョ」를 작게 붙여 나타내며 이중모음의 한 음절로 발음한다.

● 청음 요음

	キャ행	シャ행	チャ행	ニャ행	ヒャ행	ミャ행	リャ행
ア단	キャ kya	シャ sya	チャ cha	ニャ nya	ヒャ hya	ミャ mya	リャ rya
ウ단	キュ kyu	シュ syu	チュ chu	ニュ nyu	ヒュ hyu	ミュ myu	リュ ryu
オ단	キョ kyo	ショ syo	チョ cho	ニョ nyo	ヒョ hyo	ミョ myo	リョ ryo

● 탁음과 반탁음 요음

	ギャ행	ジャ행	ヂャ행	ビャ행	ピャ행
ア단	ギャ gya	ジャ zya	ヂャ zya	ビャ bya	ピャ pya
ウ단	ギュ gyu	ジュ zyu	ヂャ zyu	ビュ byu	ピュ pyu
オ단	ギョ gyo	ジョ zyo	ヂョ zyo	ビョ byo	ピョ pyo

● 요음의 구성

キ ki + ャ ya → キャ kya

チ chi + ュ yu → チュ chu

ピ pi + ョ yo → ピョ pyo

4. 촉음(促音)과 발음(撥音)

촉음 「ッ」와 발음 「ン」도 히라가나와 음은 같다.

カット 커트	キッチン 키친	ストッキング 스타킹	ベッド 침대	スタンド 스탠드
ズボン 바지	コンセント 콘센트	ダンス 댄스	サンドイッチ 샌드위치	ワイン 와인

5. 장음(長音)

가타카나의 장음은 앞의 발음을 한 음 더 길게 발음하며, 장음표기는 「ー」부호를 사용한다.

アニメーション 애니메이션	ギター 기타	ゲーム 게임	コーヒー 커피	ジュース 주스
タクシー 택시	セーター 스웨터	チョコレート 초콜릿	スプーン 스푼	ノート 노트

외래어 표기법

외래어는 일상어와 전문어를 불문하고 넓은 범위에 걸쳐 쓰이고 있으며 국제화와 더불어 현저하게 늘어나고 있다. 심지어는 고유일본어로 바꿀 수 없는 독특한 의미와 뉘앙스를 가진 신어(新語)와 유행어도 계속 많아지는 추세이다. 외래어는 원칙적으로 가타카나로 쓰는데, 표기 원칙이 있다. 다음은 꼭 알아두어야 할 표기법이다.

① 'ʌ'발음은 'ア'로 쓴다.

- カット cut
- サン sun
- ラン run

② 장음은 'ー'로 나타내는데, 원음에서 이중모음과 '–er', '–or', '–ar'은 장음으로 간주한다.

- ショー show
- メーデー mayday
- ライター lighter
- モーター motor
- スタート start

③ 원음에서 '트', '드'의 음은 'ト', 'ド'로 쓴다.

- プレゼント present
- トラック truck
- フレンド friend
- ドライブ drive

예외 · ツリー tree   · ツアー tour

④ 원음에서 'fa, fi, fu, fe, fo', 'va, vi, vu, ve, vo'는 'ハ・ヒ・フ・ヘ・ホ', 'バ・ビ・ブ・ベ・ボ'로 쓴다. 단, 원음의 의식이 남아 있는 경우 'ファ・フィ・フ・フェ・フォ', 'ヴァ・ヴィ・ヴ・ヴェ・ヴォ'로 쓴다.

- バイオリン violin
- フォーク folk

⑤ 원음의 '티', '디' 음과 '튜', '듀' 음은 보통 'チ', 'ジ', 'チュ', 'ジュ'로 쓴다.

- チケット ticket
- ラジオ radio
- スチュワーデス stewardess
- モジュール module

혼동하기 쉬운 글자

다음은 혼동하기 쉬운 글자들을 정리한 것이다. 천천히 읽으면서 써 보자.

ひらがな	カタカナ
い － り	ア － マ
う － ら	ウ － フ － ワ
さ － ち	コ － ユ － ヨ
ぬ － め － の	ク － タ
ね － れ － わ	シ － ツ
は － ほ	ソ － ン － チ
ま － も	テ － ネ
ま － よ	ヌ
ろ － る	ラ － テ

 틀리기 쉬운 외래어

일본만큼 다른 나라의 문화나 말을 들여 와서 자기네 식으로 다시 만들어 쓰는 나라도 드물 것이다. 그런 점에서 외래어 사용이 두드러지는데, 발음과 의미가 일본어식으로 바뀌어 원어와 달라지는 경우가 많아 외래어 학습이 상당히 어렵다. 다음 일본식 외래어를 정확히 익히자.

일본어식 발음의 외래어

ツアー　tour 여행
ホッケー　hockey 하키
マクドナルド　McDonald 맥도날드
トイレ　toilet 화장실
ブラザー　brother 형제

일본어식 의미의 외래어

カンニング　cunning 컨닝, 부정행위
タレント　talent 배우
アダルト　adult 성인용 비디오
ワイシャツ　white shirt 와이 셔츠
ガソリン・スタンド
gasoline stand 주유소

日本文化 （にほんぶんか）

일본의 기후

국토가 남북으로 길게 뻗어 있어서, 다양한 기후를 가지고 있고 기온의 차가 크다.
일반적인 기후는 온화하며 사계절이 뚜렷하고 계절풍과 장마, 태풍의 영향을 받
아 강수량이 많고 습하다.

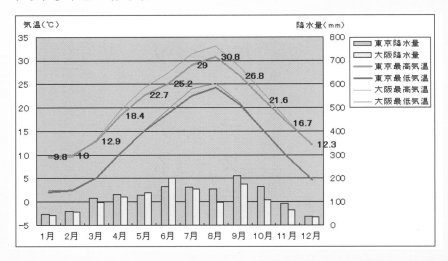

또한 일본열도 방향으로 산지가 뻗어 있어, 태평양측과 동해측의 기후 차가 크며
벚꽃놀이나 눈축제 등 각 계절에 따라 행사가 다채롭게 열린다.

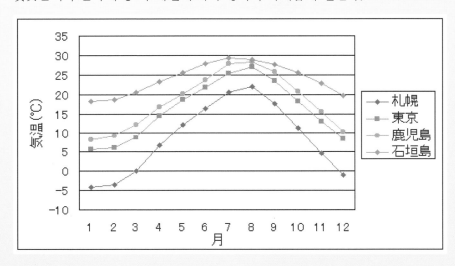

03

<ruby>第3課<rt>だい さん か</rt></ruby>

はじめまして、イーです。

<ruby>重要<rt>じゅうよう</rt></ruby>ポイント

1. イーさんは <ruby>韓国人<rt>かんこくじん</rt></ruby>です。
2. どうぞ よろしくお<ruby>願<rt>ねが</rt></ruby>いします。

①

はじめまして
처음뵙겠습니다.

②

よろしく おねがいします。
잘 부탁합니다.

③

かんこくじん
한국인

④

どうぞ : 부디, 제발
영어의 please에 해당하는 말.

⑤ ～は : ～는(은)

⑥ ～さん : ～씨

⑦ ～です。: ～입니다.

ダイアローグ

Track 016

林 山田_{やまだ}さん、イーさんです。

イーさんは 韓国人_{かんこくじん}です。

イー はじめまして、イーです。

どうぞ よろしく おねがいします。

山田 山田_{やまだ}です。

どうぞ よろしく おねがいします。

文法

1. 「名詞1」は「名詞2」です。

「は」는 우리말 '은(는)'에 해당하는 조사. [wa]로 발음되는 것에 주의.

「～です」는 '~입니다'란 뜻으로 정중표현이다.

- ビーは 韓国人です。
- 田中さんは 日本人です。

2. はじめまして

'시작하다(はじめる)'라는 동사에서 온 인사말로 '처음 뵙겠습니다'라는 뜻.

- はじめまして、中村です。
- はじめまして、金です。

3. ～さん

이름 뒤에 붙여 경의를 나타내는 말로 남성과 여성 모두에게 쓰인다. 우리말의 '～씨'보다 훨씬 넓게 쓰이며 일본인은 주로 성만 부르므로 성에 붙여 쓰는 경우가 많다.

- 金さん
- 中村さん

4. どうぞ　よろしく

「どうぞ」는 '아무쪼록, 부디'란 뜻의 부사이며 단독으로 쓰일 경우에는 상대방에게 무언가를 권할 때 영어의 'please'란 의미로 많이 쓰인다. '잘'이라는 뜻의 「よろしく」와 함께 '잘 부탁드립니다.'란 뜻으로 쓰인다. 「おねがいします(부탁드립니다)」가 생략된 표현이다.

- ビーです。どうぞ よろしく。
- 中村です。どうぞ よろしく。

5. はい / いいえ

- はい、会社員です。
- いいえ、学生です。

6. 名詞の活用

명사는 사람이나 사물 등에 붙여진 이름으로 자립어이며 활용을 하지 않는다.

例　花：꽃　　会社：회사　　田中：다나카　　韓国：한국

	丁寧体
現在肯定	名詞 ＋ です　→　韓国人です

チップ

❶ 僕 : 나. 남자가 동등하거나 손아래의 상대에 대해 쓰는 허물없는 말
　　　↔ 君(きみ) : 너, 자네

❷ お仕事は。 : '하시는 일은 무엇입니까?' 하고 묻는 표현. 일본어에서는 기본적으로 물음표(?)를 사용하지 않는다.
　　　例　A：金さん、お仕事は。
　　　　　B：会社員です。

❸ お国は。 : 고향이나 출신 국가를 묻는 표현
　　　例　金さん、お国は。

文型練習
ぶん けい れん しゅう

1 例のように練習をしてみましょう。 🎧 Track 17
  れい   れんしゅう

例 　　　　　　　　金さん／学生
　　　　　　　　　きん　　　　がくせい
　　　　　　　　　→ 金さんは学生です。
　　　　　　　　　　　きん　　　　がくせい

① 　　　　　　私／会社員
　　　　　　　わたし　かいしゃいん
　　　　　　　→ _____。

② 　　　　　　私／銀行員
　　　　　　　わたし　ぎんこういん
　　　　　　　→ _____。

③ 　　　　　　イーさん／先生
　　　　　　　　　　　　せんせい
　　　　　　　→ _____。

④ 　　　　　　私／医者
　　　　　　　わたし　いしゃ
　　　　　　　→ _____。

⑤ 　　　　　　私／警察官
　　　　　　　わたし　けいさつかん
　　　　　　　→ _____。

⑥ 　　　　　　私／主婦
　　　　　　　わたし　しゅふ
　　　　　　　→ _____。

2 例のように練習をしてみましょう。 🔊 Track 18

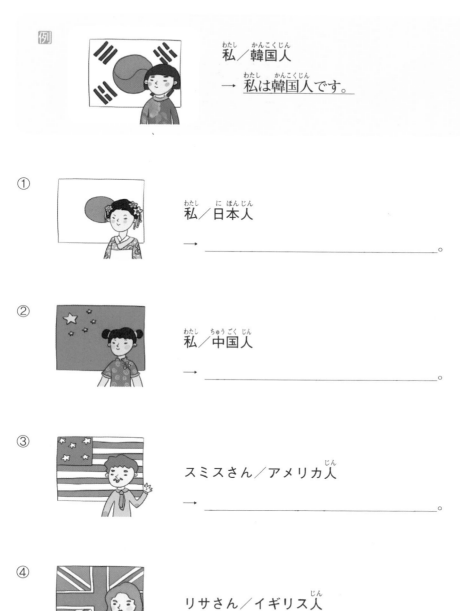

例

私／韓国人

→ 私は韓国人です。

① 私／日本人

→ _____。

② 私／中国人

→ _____。

③ スミスさん／アメリカ人

→ _____。

④ リサさん／イギリス人

→ _____。

1 ひらがなはカタカナで、カタカナはひらがなで書きなさい。

1)
リンゴ
→

2)
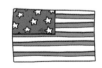
あめりか
→

3)

ばなな
→

2 下線に一番適当なものを四角の中から一つ選びなさい。

1) わたし＿＿＿＿＿＿大学生です。

2) 金さんは＿＿＿＿＿＿です。　(国)

3) イーさんは＿＿＿＿＿＿です。　(仕事)

4) 中村さんは＿＿＿＿＿＿です。　(国)

　　　かいしゃいん　　は　　かんこくじん　　にほんじん

3 次の韓国語を日本語で書きなさい。

1) 처음 뵙겠습니다. 다나카입니다. 잘 부탁합니다.

＿＿＿＿＿＿＿＿＿＿＿＿＿＿＿＿。

2) 이씨는 한국인입니다.

＿＿＿＿＿＿＿＿＿＿＿＿＿＿＿＿。

3) 나카무라씨는 회사원입니다. 일본인입니다.

＿＿＿＿＿＿＿＿＿＿＿＿＿＿＿＿。

応用会話 ★ 처음에는 교과서를 보고 하고 두 번째는 교과서를 덮고 연습해 봅시다.

1. 自己紹介 (じ こ しょうかい)

学生：はじめまして＿＿＿＿＿です。
＿＿＿＿＿です。
どうぞよろしくおねがいします。

2. お仕事は。 (し ごと)

 聞き取り・書き取り練習 (き と　か と　れんしゅう) ★ 잘 듣고 다음의 공란을 일본어로 채워 봅시다. 🎧 Track 19

林(男)　山田さん、＿＿＿＿＿＿＿＿です。

イーさんは＿＿＿＿＿＿＿＿です。

イー(女)　はじめまして、イーです。

どうぞ よろしく＿＿＿＿＿＿＿＿。

山田(女)　山田です。

＿＿＿＿＿＿よろしく おねがいします。

単語帳 (たん ご ちょう)

日本人(にほんじん) 일본인 | 学生(がくせい) 학생 | 会社員(かいしゃいん) 회사원 | りんご 사과 | アメリカ 미국 | バナナ 바나나 | 歌手(かしゅ) 가수 | 銀行員(ぎんこういん) 은행원 | 中国人(ちゅうごくじん) 중국인 | アメリカ人(じん) 미국인 | イギリス人(じん) 영국인 | 国(くに) 나라

■ 応用単語と文型 (おうようたん ご　ぶんけい)

- ～といいます：～라고 합니다.
- ～と申(もう)します：～라고 합니다.
- お名前(なまえ)は？：성함은?
- 大学生(だいがくせい)：대학생
- 主婦(しゅふ)：주부
- 美容室(びようしつ)：미용실
- 公務員(こうむいん)：공무원
- 警察官(けいさつかん)：경찰관
- フリーター：아르바이트나 파트타이머로 생계를 꾸려가는 사람

日本文化 ^{にほんぶんか}

지폐

화폐에 초상화를 그리게 된 이유를 살펴보면 대략 다음과 같다.

① 사람의 표정은 조각 면이라서 흉내내기가 어렵기 때문에 위조하기 힘들다. 실제 메이지(明治) 초기의 정부지폐에는 초상이 없어서 위조범이 극성을 부렸는데, 메이지14년에 진구(巧) 황후의 초상을 사용한 뒤로 위조가 급격히 줄었다.

② 지폐를 사용하는 사람도 초상은 인상에 남기 때문에 미세한 표정변화라도 알아차리게 되어서 위조화폐가 유통되기 어렵다.

③ 지명도가 높고 친근한 인물의 초상을 넣어 친밀감이 생긴다.

④ 지폐의 금액과 종류를 외우기 쉽고 판별하기 쉽다.

정부는 메이지 20년에 日本武尊(やまとたけるのみこと), 聖徳太子(しょうとくたいし) 등 7명을 선정했다. 이후 종전(終戦)까지 6명, 전후(戦後)에는 12명이 선정되었는데, 聖徳太子 외에도 伊藤博文(いとうひろぶみ 초대내각총리대신), 福沢諭吉(ふくざわゆきち 교육가·계몽사상가), 夏目漱石(なつめそうせき 소설가·영문학자), 紫式部(むらさきしきぶ 平安時代 여성작가) 등이 있다. 이 중 가장 많이 채용된 인물은 聖徳太子로 7회를 기록해 지폐의 대명사가 되었다. 平成14년 8월초에 만 엔, 오천 엔, 천 엔짜리 새 지폐가 발행되어 지폐의 초상으로 樋口一葉(ひぐちいちよう)와 野口英世(のぐちひでよ)가 등장해 화제가 되었다. 새로 발행하는 화폐에는 여성의 사회진출과 문화인물을 배려해 이제까지 선택된 적이 없었던 여성과 과학자를 채용하게 되었다고 한다. 5천 엔짜리 지폐의 초상으로는 수많은 명작을 남기고 유례 없이 아름다운 문체로 높은 평가를 받고 있는 메이지시대의 소설가인 樋口一葉가 선정되었고, 천 엔짜리 지폐에는 아동을 비롯해 모든 사람이 가장 소지할 기회가 많다는 점을 고려해 교과서를 통해 친근하면서도 세계적으로 지명도가 높은 과학자 野口英世를 채용했다고 한다.

04

第4課
<ruby>第<rt>だい</rt></ruby> <ruby>4<rt>よん</rt></ruby> <ruby>課<rt>か</rt></ruby>

これは なっとうですか。

重要ポイント
<ruby>重要<rt>じゅうよう</rt></ruby>ポイント

1. こ、そ、あ、どの<ruby>法則<rt>ほうそく</rt></ruby>
2. ～の、～も、～と
3. ～ですか
4. ～では(じゃ)ありません

①

あの
저, 저어
말을 걸거나 말이 막혔
을 때 내는 소리.

②

すみません
죄송합니다.
미안합니다.
미안할 때, 사과할 때,
감사의 뜻을 나타낼 때 ,
부탁할 때 쓰는 말.

③

これ
이것

④

どこ
어디

⑤

あそこ
저기

⑥

おべんとう
도시락

⑦

おちゃ
차

⑧

なっとう
낫토
띄운 콩에 간을 하고 향
료 등을 넣어 말린 식품.

⑨

おすすめ
권고, 권유, 추천

⑩ 〜ですか : 〜입니까?

⑪ 〜では(じゃ)ありません。
: 〜이 아닙니다.

⑫ 〜も : 〜도

⑬ 〜と : 〜와(과)

⑭ そこ : 거기, 그곳

ダイアローグ

パク あのう、すみません。これは なっとうですか。

店員 いいえ、なっとうでは ありません。

パク じゃ、なっとうは どこですか。

店員 なっとうですか。

……ここです。

パク おべんとうと おちゃも そこですか。

店員 いいえ、おべんとうと おちゃは あそこです。

パク おすすめの おちゃは どれですか。

店員 ええと……。 ……これです。

パク どうも。

1. こ、そ、あ、どの法則

これ·それ·あれ·どれ : 물건을 가리키는 말(지시대명사)로 보통 거리감에 따라 구분해서 쓴다.

	근칭	중칭	원칭	부정칭
사물	これ(이것)	それ(그것)	あれ(저것)	どれ(어느 것)
장소	ここ(여기)	そこ(거기)	あそこ(저기)	どこ(어디)
방향	こちら(이쪽)	そちら(그쪽)	あちら(저쪽)	どちら(어느쪽)
연체(명사)수식	この(이～)	その(그～)	あの(저～)	どの(어느～)

2. 名詞の活用

1) ～では(じゃ)ありません。

'～이 아닙니다.'란 뜻. 「～では」의 「は」는 [wa]로 발음되는 것에 주의해야 한다.

- これは わさび ではありません。
- 田中さんは 先生 ではありません。

	丁寧体
現在否定	名詞＋ではありません → なっとう では(じゃ)ありません

2) ～ですか。

'～입니까?'란 뜻. 「～です」에 종조사 「か」를 붙여서 의문문을 만든다.

- これは なっとうですか。
- なっとうは どこですか。

3. ～の : ～의, ～의 것

명사와 명사를 이어주는 조사(～의)로 우리말에서는 생략하는 경우가 많은데, 일본어의 경우는 반드시 쓴다. 또한 소유대명사 '～의 것'이라는 뜻으로도 쓰인다.

- ほっかいどうの ラーメン
- 日本語<ruby>語<rt>に ほん ご</rt></ruby>の 本<ruby><rt>ほん</rt></ruby>
- 田中さんの かばん
- A：誰<ruby><rt>だれ</rt></ruby>のですか。
  B：先生<ruby><rt>せんせい</rt></ruby>のです。

4. ～と：～와, ～과

- 先生<ruby><rt>せんせい</rt></ruby>と 学生<ruby><rt>がくせい</rt></ruby>
- 韓国人<ruby><rt>かんこくじん</rt></ruby>と 日本人<ruby><rt>に ほんじん</rt></ruby>
- お弁当<ruby><rt>べんとう</rt></ruby>と お茶<ruby><rt>ちゃ</rt></ruby>

5. ～も：～도

- お茶<ruby><rt>ちゃ</rt></ruby>も そこです。
- これも 田中<ruby><rt>た なか</rt></ruby>さんのです。

チップ

何(なん／なに)

「何」는 뒤에 오는 단어에 따라 「なん／なに」로 발음된다.

❶ 「なに」로 발음하는 경우

何<ruby><rt>なに</rt></ruby> ＋ ～が, ～に, ～も, ～を, ～か, ～より, ～から, ～まで, ～いろ, ～で 등

❷ 「なん」으로 발음하는 경우

何<ruby><rt>なん</rt></ruby> ＋ ～枚<ruby><rt>まい</rt></ruby>, ～冊<ruby><rt>さつ</rt></ruby>, ～回<ruby><rt>かい</rt></ruby>, ～歳<ruby><rt>さい</rt></ruby>, ～個<ruby><rt>こ</rt></ruby>, ～時<ruby><rt>じ</rt></ruby>, ～階<ruby><rt>かい</rt></ruby>, ～でも, ～で, ～と, ～か,
～の 등

文型練習

1 例のように練習をしてみましょう。　🎧 Track 21

例

なっとう／金さん

A：これは 誰のなっとうですか。

B：それは金さんのなっとうです。

① 車／田中さん

A：それは　誰の＿＿＿＿＿＿＿ですか。

B：＿＿＿＿＿＿＿＿＿＿＿＿＿＿＿＿。

② 本／中村

A：これは　誰の＿＿＿＿＿＿＿ですか。

B：＿＿＿＿＿＿＿＿＿＿＿＿＿＿＿＿。

③ かばん／金さん

A：あれは　誰の＿＿＿＿＿＿＿ですか。

B：＿＿＿＿＿＿＿＿＿＿＿＿＿＿＿＿。

④ めがね／先生

A：これは　誰の＿＿＿＿＿＿＿ですか。

B：＿＿＿＿＿＿＿＿＿＿＿＿＿＿＿＿。

⑤ かさ／私

A：それは　誰の＿＿＿＿＿＿＿ですか。

B：＿＿＿＿＿＿＿＿＿＿＿＿＿＿＿＿。

2 例のように練習をしてみましょう。 🎧 Track 22

例

これは　<u>なっとう</u>ですか。

→ いいえ、<u>なっとう</u>ではありません。

<u>こんにゃく</u>です。

こんにゃく

① これは　かばんですか。

→ いいえ、＿＿＿＿＿＿＿＿＿＿＿＿。

＿＿＿＿＿＿＿＿＿＿＿＿。

靴

② これは　時計ですか。

→ いいえ、＿＿＿＿＿＿＿＿＿＿＿＿。

＿＿＿＿＿＿＿＿＿＿＿＿。

写真

③ これは　ぼうしですか。

→ いいえ、＿＿＿＿＿＿＿＿＿＿＿＿。

＿＿＿＿＿＿＿＿＿＿＿＿。

時計

④ これは　写真ですか。

→ いいえ、＿＿＿＿＿＿＿＿＿＿＿＿。

＿＿＿＿＿＿＿＿＿＿＿＿。

携帯電話

⑤ これは　えんぴつですか。

→ いいえ、＿＿＿＿＿＿＿＿＿＿＿＿。

＿＿＿＿＿＿＿＿＿＿＿＿。

ボールペン

1 ひらがなはカタカナで、カタカナはひらがなで書きなさい。

1) トケイ
2) ぼーるぺん
3) めがね

→ _____ → _____ → _____

2 下線に一番適当なものを四角の中から選びなさい。

1) 金さんは　大学生ですか。

→ いいえ、大学生_____。

2) これは　何ですか。

→ _____は　かばんです。

3) あれは　何ですか。

→ _____は　しゃしんです。

4) イーさんは　日本人ですか。

→ いいえ、_____。　韓国人です。

5) この靴は　誰のですか。

→ 金さん_____です。

| ではありません　日本人　の　これ　それ　あれ　どれ |

3 次の韓国語を日本語で書きなさい。

1) 이것은 낫토입니다.

_____。

2) 김씨는 한국사람이 아닙니다.

_____。

3) 도시락과 차는 저쪽입니다.

_____。

1. 先生 : これは 何ですか。

   学生 : それは＿＿＿＿＿＿＿＿＿＿ です。

2. 先生 : この本は 誰のですか。

   学生 : ＿＿＿＿＿＿＿＿＿＿ です。

3. 先生 : トイレは どこですか。

   学生 : ＿＿＿＿＿＿＿＿＿＿ です。

4. 先生 : あなたは 学生ですか。

   学生 : はい、＿＿＿＿＿＿＿＿＿＿ です。

   　　　 いいえ、＿＿＿＿＿＿＿＿＿＿ ではありません。

き と　か と　れんしゅう
聞き取り・書き取り練習　★ 잘 듣고 다음의 공란을 일본어로 채워 봅시다.　🔊 Track 23

パク	あのう、すみません。＿＿＿＿＿＿ なっとうですか。
店員	いいえ、なっとう＿＿＿＿＿＿。
パク	じゃ、なっとうは＿＿＿＿＿＿。
店員	なっとうですか。…… ここです。
パク	おべんとう＿＿＿＿＿＿＿＿＿ そこですか。
店員	いいえ、おべんとうと おちゃは＿＿＿＿＿ です。
パク	＿＿＿＿＿＿ おちゃは＿＿＿＿＿ ですか。
店員	ええと……。…… これです。
パク	どうも。

たん ご ちょう
単語帳

携帯電話(けいたいでんわ) 휴대전화｜**先生**(せんせい) 선생님｜ボール
ペン 볼펜｜**会社**(かいしゃ) 회사｜**日本語**(にほんご) 일본어｜**本**(ほん)
책｜かばん 가방｜**誰**(だれ) 누구｜**車**(くるま) 자동차｜めがね 안경｜
傘(かさ) 우산｜**靴**(くつ) 신발, 구두｜**写真**(しゃしん) 사진｜**時計**(とけい)
시계

おうようたん ご 　ぶんけい
■ **応用単語と文型**

・ ～です。：～입니다.
・ **誰**(だれ)のですか。：누구 것입니까?
・ どこですか。：어디입니까?
・ 명사 ＋ではありません。：～이 아닙니다.
・ **韓国人**(かんこくじん)：한국인
・ トイレ：화장실

日本文化
（に ほん ぶん か）

자동판매기

'일본은 자동판매기의 천국이다'란 말이 있다. 상점가, 가게 앞, 역, 빌딩 안 등 우리 나라와는 비교할 수 없을 정도로 많은 자동판매기가 있다. 일본 내 보급 대수는 약 550만 대에 이르며 인구당 보급률은 미국을 제치고 세계 1위이다. 자동판매기는 크게 물품자동판매기와 자동서비스기로 나뉜다. 주요 물품자동판매기로서는 식품, 음료, 일용품, 잡화, 우표, 엽서, 신문, 잡지, 담배, 기타 각종 물품의 복합 자동판매기 등이 있고, 정보·서비스 자동판매기 안에는 퍼스널컴퓨터 소프트 자동판매기와 취직 정보 자동판매기가 있다. 마찬가지로 자동 서비스기로서는 코인 로커, 자동사진촬영기, 자동환전기 등이 있다.

편의점

편리함을 최대한으로 추구하는 소형 슈퍼마켓이다. 식료품 및 일용품을 중심으로 물건을 구비하고 주택가 가까이에 입점한 경우가 많다. 소규모라 원하는 물건을 찾기가 용이하고 연중무휴, 장시간 영업(24시간 영업도 많다), 계산대에서 오래 기다리지 않는 등의 편리함이 특색이다. 경영 형태로는 직영 체인점 방식과 프랜차이즈 시스템에 의한 것이 있는데, 양쪽 모두 상품기획이 뛰어나기 때문에 같은 규모의 독립 가게보다 물건 진열 밀도가 높다. 슈퍼마켓의 대형화에 따른 모든 결함과 법적 규제를 극복하고 소비자에게 꼼꼼하게 대응하려는 상법이 소비자의 요구와 맞아떨어져 급속하게 보급, 발전되었다.
이런 체인점의 원형은 미국에서 발생하였다. 그런데 이것들이 일본에 들어와서 꼼꼼한 상품관리 및 효율적인 진열방식 등이 철저하게 연구되어, 이제는 역으로 일본에서 개발된 관리기술이 미국으로 제공되기도 한다.

05

第5課
バイトは何時からですか。

重要ポイント

1. 数字（1～100）
2. 時間表現（今、何時）
3. ～から～まで／～からです。～までです。

ダイアローグ単語

① 講義
こう ぎ
강의

② 何時
なん じ
몇 시

③ あ
아!
놀라거나 문득 생각났을 때
내는 소리.

④ うどんや
우동 가게

⑤ バイト
아르바이트

⑥ つぎ : 다음

⑦ 今 : 지금
いま

⑧ ええと : 저어 말을 곧 잇지 못하고 망설일 때 내는 말.

⑨ まだ : 아직(도), 여태까지, 계속, 지금껏

⑩ ～ね : ～구나, ～로군(종조사)

⑪ ～から～まで : ～에서(부터) ～까지

ダイアローグ

 Track 24

すみません。つぎの　講義は　何時からですか。

田中 二時からです。

金 今、何時ですか。

田中 ええと……、一時です。

金 あ、まだですね。

田中 金さん、うどんやの　バイトは　何時からですか。

金 六時から　十一時までです。

51

文法

1. 숫자읽기(1~10) 🎧 Track 25

1	2	3	4	5
いち	に	さん	し／よん	ご
6	7	8	9	10
ろく	しち／なな	はち	きゅう／く	じゅう

数字 「0」

• 「れい」「まる」「ゼロ」 등으로 읽는다.

2. 숫자읽기(10~100) 🎧 Track 26

10	20	30	40	50
じゅう	にじゅう	さんじゅう	よんじゅう	ごじゅう
60	70	80	90	100
ろくじゅう	ななじゅう	はちじゅう	きゅうじゅう	ひゃく

3. 시간(時) 🎧 Track 27

1時	2時	3時	4時	5時	6時
いちじ	にじ	さんじ	よじ	ごじ	ろくじ
7時	8時	9時	10時	11時	12時
しちじ	はちじ	くじ	じゅうじ	じゅういちじ	じゅうにじ

4. 名詞 + からです。 : ～에서(부터)입니다.

- 今日は 38ページからです。
- 授業は 何時からですか。
- 金さんからの手紙

5. 名詞 + までです。 : ～까지입니다.

- バイトは 九時までです。
- テストは 何時までですか。
- 今日は ここまでです。

6. 名詞1 + から　名詞2 + まで : ～에서(부터) ～까지

- 銀行は 午前9時から 午後3時までです。
- ソウルから プサンまでです。
- バイトは 何時から 何時までですか。

チップ

❶ どのくらい かかりますか。 어느 정도 걸립니까?
- ソウルから 東京まで 飛行機で どのくらい かかりますか。
  서울에서 도쿄까지 비행기로 어느 정도 걸립니까?
  ～で : 수단조사 '～(으)로'
  くらい : 만큼, 정도, 가량, 쯤
- 2時間くらい かかります。
  2시간 정도 걸립니다.
  間 : 간, 간격, 공간, 사이

❷ 電話番号
전화번호를 말할 때는 숫자를 하나하나씩 말하는 것이 일반적이다.
★ 국번 사이는 「の」로 연결한다.
  02-555-2122　ゼロに の ごごご の にいちにに

文型練習

1 例のように練習をしてみましょう。 🎧 Track 28

 例  今、何時ですか。
→ 今、3時です。

① 　② 　③ 　④ 　⑤

⑥ 　⑦ 　⑧ 　⑨ 　⑩

2 例のように練習をしてみましょう。 🎧 Track 29

例　38 → さんじゅうはち

① 11 →　　　　　　　　② 26 →

③ 45 →　　　　　　　　④ 88 →

⑤ 99 →　　　　　　　　⑥ 100 →

⑦ 031-218-5891 →

⑧ 010-3153-6518 →

⑨ 02-673-1640 →

⑩ 011-2787-1001 →

3 例のように練習をしてみましょう。 🎧 Track 30

例

昼休み／12：00～13：00
Ⓐ 昼休みは何時から何時までですか。
Ⓑ １２時から１時までです。

① 学校／09：00～15：00
Ⓐ ＿＿＿＿は＿＿＿＿から＿＿＿＿までですか。
Ⓑ ＿＿＿＿から＿＿＿＿までです。

② 銀行／10：00～17：00
Ⓐ ＿＿＿＿は＿＿＿＿から＿＿＿＿までですか。
Ⓑ ＿＿＿＿から＿＿＿＿までです。

③ 映画／19：00～21：00
Ⓐ ＿＿＿＿は＿＿＿＿から＿＿＿＿までですか。
Ⓑ ＿＿＿＿から＿＿＿＿までです。

④ コンビニ／24時間
Ⓐ ＿＿＿＿は＿＿＿＿から＿＿＿＿までですか。
Ⓑ ＿＿＿＿＿＿＿＿です。

⑤ テスト／10：00～13：00
Ⓐ ＿＿＿＿は＿＿＿＿から＿＿＿＿までですか。
Ⓑ ＿＿＿＿から＿＿＿＿までです。

⑥ 会社／09：00～18：00
Ⓐ ＿＿＿＿は＿＿＿＿から＿＿＿＿までですか。
Ⓑ ＿＿＿＿から＿＿＿＿までです。

1 ひらがなはカタカナで、カタカナはひらがなで書きなさい。

　1) でぱーと　　　　　2) てすと　　　　　3) ビヨウシツ

　　→ 　　　　　　　　→ 　　　　　　　　→

2 下線に一番適当なものを四角の中から選びなさい。

　1) 587　　　　　　　　　　　　　　14
　　ご　ゃ　は　じ　う　な　　じゅ　　ん

　2) 今日は＿＿＿＿＿までです。

　3) 講義は何時＿＿＿＿何時＿＿＿＿ですか。

　4) ソウル＿＿＿＿プサン＿＿＿＿何＿＿＿＿どの＿＿＿＿かかりますか。

　5) コンビニ＿＿＿＿24＿＿＿＿です。

ひ	く	ち	た	ゅ	な	か	を	う	よ
ここ	銀行	から	まで	で	と				
くらい	時間	の	は	はちじ	ぐらい				

3 次の韓国語を日本語で書きなさい。

　1) 다음 강의는 몇 시부터입니까?

　　＿＿＿＿＿＿＿＿＿＿＿＿＿＿＿＿＿＿＿＿＿＿＿。

　2) 버스로 1시간 정도 걸립니다.

　　＿＿＿＿＿＿＿＿＿＿＿＿＿＿＿＿＿＿＿＿＿＿＿。

　3) 강의는 9시부터 2시까지입니다.

　　＿＿＿＿＿＿＿＿＿＿＿＿＿＿＿＿＿＿＿＿＿＿＿。

1. 先生(せんせい)：授業(じゅぎょう)は　何時(なんじ)からですか。
   学生(がくせい)：＿＿＿＿＿＿＿＿＿＿＿からです。

2. 先生(せんせい)：家(いえ)から　学校(がっこう)まで　どのくらい　かかりますか。(何(なに)で)
   学生(がくせい)：＿＿＿＿＿＿＿＿＿＿＿かかります。

3. 先生(せんせい)：日本(にほん)の銀行(ぎんこう)は　何時(なんじ)から　何時(なんじ)までですか。
   学生(がくせい)：＿＿＿＿＿＿＿＿＿＿＿です。

4. 先生(せんせい)：昼休(ひるやす)みは　何時(なんじ)からですか。
   学生(がくせい)：＿＿＿＿＿＿＿＿＿＿＿からです。

5. 先生(せんせい)：会社(かいしゃ)は　何時(なんじ)から　何時(なんじ)までですか。
   学生(がくせい)：＿＿＿＿＿＿＿から＿＿＿＿＿＿＿までです。

聞(き)き取(と)り・書(か)き取(と)り練習(れんしゅう)　★ 잘 듣고 다음의 공란을 일본어로 채워 봅시다.　🔊 Track 31

金	すみません。つぎの　講義は　＿＿＿＿＿＿　ですか。
田中	＿＿＿＿＿＿　です。
金	今、＿＿＿＿＿＿　ですか。
田中	ええと……、＿＿＿＿＿＿　です。
金	あ、まだですね。
田中	金さん、うどんやの　バイトは　＿＿＿＿＿＿　ですか。
金	＿＿＿＿＿＿　です。

単語帳(たんごちょう)

昼休(ひるやす)み 점심시간 | 今日(きょう) 오늘 | ページ 페이지 | 手紙(てがみ) 편지 | 映画(えいが) 영화 | テスト 테스트 |
時間(じかん) 시간 | デパート 백화점

日本文化

아르바이트

일본에서는 많은 학생들이 아르바이트를 한다. 아르바이트의 종류는 식당, 편의점, 술집 등 기본적인 것은 물론, 우리 나라에는 없는 파칭코를 비롯해 각 지역마다 특색 있는 것들을 다양하게 구할 수 있다.

아르바이트를 구하기 위해서는 먼저 하고 싶은 일을 찾는 것부터 시작된다. 구인정보는 웹사이트를 비롯해 구인정보지·전단지·신문의 구인광고 등 여러 가지 매체를 통하여 얻을 수 있다. 각 매체에서의 정보수집 방법은 다르지만, 거기에 포함되어 있는 기본적인 정보는 거의 공통적이다.

아르바이트비는 대개 시급·일급·월급으로 표시되어 있다. 아르바이트의 조건에도 여러 가지가 있다. '교통비'는 회사나 가게에 따라 지급되는 경우와 지급되지 않는 경우가 있다. 지급되는 경우라도 금액에 상한선이 있는 등 조건이 정해져 있는 경우도 있다.

'식비제공(まかないあり)'도 있는데, 근무처에서 식사가 제공되거나 일부 금액을 보조해 주는 것을 말하며 '경험자 우대'란 것은 모집하는 직종과 같은 직종 또는 유사한 직종에서 일한 경험이 있는 구직자를 우선적으로 채용하거나 그 경험을 인정해서 대우한다는 의미이다.

한편, '사원 등용 있음'이라는 문구도 볼 수 있는데, 이것은 채용 시에는 아르바이트로 채용하지만, 실제 일하는 것을 보고 정사원으로 채용할 수도 있다는 것을 의미한다.

아르바이트로 가장 인기가 있는 것은 편의점, 수퍼마켓, 잡화점이고, 패밀리 레스토랑, 카페가 그 뒤를 이으며, 영화관, 창고 정리, 이벤트, 병원, 간호, 주유소, 이사, 배달업 등의 다양한 직종이 있다.

第6課

だいろっか

合コンは いつですか。

ごう

重要ポイント

じゅうよう

1. 曜日／時間表現（昨日、今日、明日 など）
2. 名詞の過去形（〜でした）

① 合コン
한국의 미팅에 해당함.

② 月曜日
월요일

③
あ
갑자기 놀라거나 생각이 났을
때 내는 소리

④ 金曜日
금요일

⑤
応援
응원

⑥ いつ : 언제

⑦ おととい : 그저께

⑧ ああ : 아 ① 긍정·승낙할 때 내는 소리 ② 무엇에 감탄하여 내는 소리

⑨ あさって : 모레

 ## ダイアローグ Track 32

パク　中村さん、合コンは　いつですか。

中村　おとといでした。

パク　ああ、火曜日でしたか。

中村　いいえ、火曜日ではありませんでした。月曜日でした。

　　　パクさんは　いつですか。

パク　あさってです。

中村　あ、あさってですか。

パク　はい、金曜日です。

　　　おうえん　よろしく　おねがいします。

61

文法

1. 名詞 ― 丁寧過去形の肯定と否定

		~でした	~였습니다
過去形	肯定	~でした	~였습니다
	否定	~ではありませんでした ~じゃありませんでした	~가 아니었습니다 ~가 아니었습니다

- 休みは月曜日でした。
- 試験は昨日ではありませんでした。

2. 曜日　Track 33

日曜日	일요일	木曜日	목요일
月曜日	월요일	金曜日	금요일
火曜日	화요일	土曜日	토요일
水曜日	수요일	何曜日	무슨 요일

- 昨日は 月曜日でした。
- 今日は 何曜日ですか。

3. 時　Track 34

おととい	昨日	今日	明日	あさって
그저께	어저께	오늘	내일	모레

- 合コンは 明日です。
- テストは おとといでしたか。

❶ 2年前は　何をしましたか。 2년 전에는 무엇을 했습니까.

• 2年前は学生でした。2년 전에는 학생이었습니다.

• 2年前も　会社員でした。2년 전에도 회사원이었습니다.

• 2年前は　会社員ではありませんでした。2년 전에는 회사원이 아니었습니다.

❷ 時間の表現 🎙 Track 35

いっぷん 一分	にふん 二分	さんぷん 三分	よんふん よんぷん 四分／四分	ごふん 五分
ろっぷん 六分	ななふん 七分	はっぷん 八分	きゅうふん 九分	じっぷん じゅっぷん 十分／十分

にじっぷんじゅっぷん 二十分(十分)	さんじっぷんじゅっぷん 三十分(十分)	よんじっぷんじゅっぷん 四十分(十分)	ごじっぷんじゅっぷん 五十分(十分)	ろくじっぷんじゅっぷん 六十分(十分)	なんぷん 何分

아침(에)	낮(에)	저녁(에)	밤(에)
あさ 朝	ひる 昼	ゆうがた 夕方	よる 夜

例　今は　四時十分です。지금은 4시 10분입니다.

二時半です。2시 반입니다.

三時五分前です。3시 5분 전입니다.

テストは　朝からです。테스트는 아침부터입니다.

文型練習
ぶん けい れん しゅう

1 例のように練習をしてみましょう。 Track 36

例

合コン／おととい

A: 合コンは　いつでしたか。

B: おとといでした。

① テスト／おととい

A: _____ 。

B: _____ 。

② クラブ／月曜日(今日は火曜日)

A: _____ 。

B: _____ 。

③ 休み／水曜日(今日は木曜日)

A: _____ 。

B: _____ 。

④ デート／おととい

A: _____ 。

B: _____ 。

⑤ 会議／昨日

A: _____ 。

B: _____ 。

2　例のように練習をしてみましょう。　🔊 Track 37

例

合コン／明日／あさって

A：合コンは　明日ですか。

B：いいえ、明日ではありません。あさってです。

① テスト／昨日／おととい

A：＿＿＿＿＿＿＿＿＿＿＿＿＿。

B：＿＿＿＿＿＿＿＿＿＿＿＿＿。

② デート／月曜日／火曜日

A：＿＿＿＿＿＿＿＿＿＿＿＿＿。

B：＿＿＿＿＿＿＿＿＿＿＿＿＿。

③ 試合／水曜日／日曜日

A：＿＿＿＿＿＿＿＿＿＿＿＿＿。

B：＿＿＿＿＿＿＿＿＿＿＿＿＿。

④ 会議／明後日／おととい

A：＿＿＿＿＿＿＿＿＿＿＿＿＿。

B：＿＿＿＿＿＿＿＿＿＿＿＿＿。

⑤ 休み／木曜日／土曜日

A：＿＿＿＿＿＿＿＿＿＿＿＿＿。

B：＿＿＿＿＿＿＿＿＿＿＿＿＿。

1 次の漢字の読み仮名を書きなさい。
つぎ かんじ よ がな か

1) 休み → _____   2) 木曜日 → _____

3) 月曜日 → _____   4) 火曜日 → _____

5) 水曜日 → _____   6) 二年前 → _____

7) 昼 → _____   8) 夜 → _____

2 下線に一番適当なものを四角の中から選びなさい。
か せん いちばんてきとう しかく なか えら

1) 合コンは_____でした。
ごう

2) A: テストは 昨日でしたか。
きのう

　 B: いいえ、_____です。

3) 月 _____水_____金_____日
げっ すい きん にち

4) 2年_____も学生でした。
ねん がくせい

5) 3時_____前です。
じ まえ

きのう、あした、火、水、木、土、前、ごぶん、ごふん
　　　　　　　　か　すい　もく　ど　まえ

3 次の韓国語を日本語で書きなさい。
つぎ かんこくご にほんご か

1) 미팅은 언제였습니까?　_____。

2) 시합은 어제가 아니었습니다.　_____。

3) 5시 7분 전입니다.　_____。

4) 2년 전에는 회사원이었습니다.　_____。

5) 모레입니까?　_____。

1.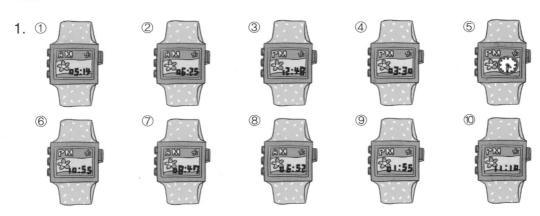

2. 今日(きょう)は 何曜日(なんようび)ですか。

3. 昨日(きのう)は 何曜日(なんようび)でしたか。

4. 明日(あした)は 何曜日(なんようび)ですか。

5. 今(いま)は 何時(なんじ)ですか。　(何時(なんじ) 何分(なんぷん))

きとかとれんしゅう
聞き取り・書き取り練習　★ 잘 듣고 다음의 공란을 일본어로 채워 봅시다.　 Track 38

パク	中村さん、合コンは　　　　　　　ですか。
中村	。
パク	ああ、　　　　　　　でしたか。
中村	いいえ、火曜日ではありませんでした。月曜日でした。
	パクさんは　　　　　　ですか。
パク	です。
中村	あ、　　　　　　ですか。
パク	はい、　　　　　です。
	おうえん　よろしく　おねがいします。

たんごちょう
単語帳

休(やす)み 휴일 | 試合(しあい) 시합 | 試験(しけん) 시험 | 分(ふん) 분 | 前(まえ) 전 | 後(ご) 후 | 午前(ごぜん) 오전 | 午後(ごご) 오후 | 会議(かいぎ) 회의

日本文化 (にほんぶんか)

품위(격조) 있는 쇼핑가, 긴자

일본을 대표하는 번화가 중에서 최대 번화가로 말하자면 「긴자(銀座)」를 들 수 있다. 긴자는 특히 고급상점가로서 세계적으로도 유명한 곳이다. 긴자의 이름을 딴 브랜드도 많아, 전국 각지의 상점가에 'ㅇㅇ긴자'라고 이름 지은 곳이 여기저기 보인다. 지명의 유래는 에도시대(江戸時代)의 화폐주조 및 은을 매매한 긴자 관청에서 나왔는데, 관청이 1800년에 이전한 이래 원래의 '新両替町(새 환전 마을)'란 명칭을 대신해 '銀座'로 잘 알려져 정착하게 되었다. 2002년의 연간 상품판매액은 4,088억 2,100만 엔으로 도쿄 도내에서는 신주쿠역(新宿駅) 동쪽 출구 다음으로 큰 규모이다.

메이지시대(明治時代)에 수입품 등이 진열된 긴자는 고급상점가로 발전해 왔다. 쇼와(昭和) 초기의 백화점 진출 등으로 긴자는 도쿄 제일의 번화가로 확고한 지위를 굳혔지만 업계의 모습은 조금씩 변화되어 왔다. 1990년대의 버블 붕괴 이후에는 가라오케와 대형판매점의 체인점이 진출하는 한편 해외 유명브랜드가 속속 들어섰다.

긴자는 백화점이 밀집해 있어 마츠야(松屋)·마츠자카야(松坂屋)·미츠코시(三越)·쁘랭땅긴자(プランタン銀座) 외에도 인접한 유락쵸(有楽町)의 세이부(西武) 백화점과 한큐(阪急) 백화점, 마루이를 포함하면 7곳이나 된다.

전후 긴자는 고급 요리점, 고급 클럽 외에도 1980년대 무렵부터 세계의 일류 레스토랑이나 외식 프랜차이즈의 진출 등이 활발해졌다. 1971년에 '맥도널드'와 '던킨도넛츠' 1호점이 개점하였다. 1990년대에는 '스타벅스 커피'와 '탈리즈 커피'가 잇달아 진출하였고 그 후에도 '산마르크 카페'와 '르·카페·도토르' 1호점이 그 뒤를 이어 긴자는 카페 격전지가 된 외에 카페를 전국적으로 확대시키는 무대가 되었다.

패션문화에 있어서도 긴자는 서양패션을 소개하는 장소가 되었다. 그 가운데서 긴자에 있는 '시세이도(資生堂)'는 화장품을 취급하는 등 패션문화의 발전에 지대한 공헌을 하였다. 1990년대 이후에 해외 브랜드 진출이 활발해져 가로수 거리를 중심으로 수많은 해외고급브랜드점이 진출하고 있다.

07

<ruby>第<rt>だい</rt>7<rt>なな</rt>課<rt>か</rt></ruby>

おにぎりはいくらですか。

<ruby>重要<rt>じゅうよう</rt></ruby>ポイント

1. いくらですか。
2. ～をください。
3. ～はいかがですか。

ダイアローグ単語

①
お握り
주먹밥

②
いくら
얼마

③
円
~엔
(일본의 화폐 단위)

④
てんぷら
튀김

⑤
かしこまりました
잘 알겠습니다
わかりました의 겸양표현

⑥
全部
전부

⑦
ください
주세요

⑧ **じゃ** : 그러면, 그럼
では의 준말로 회화체에서 편하게 쓰는 말

⑨ **いかがですか。** : 어떻습니까?
どうですか의 경어

⑩ **で** : ~해서, ~에 (합계한 수량)

ダイアローグ

Track 39

山田 すみません。おにぎりは　いくらですか。

店員 120円です。

山田 じゃ、おにぎりを　みっつと　うどん　ください。

店員 てんぷらは　いかがですか。

山田 てんぷらも　おねがいします。

店員 かしこまりました。

＜식사가 끝나고＞

山田 ぜんぶで　いくらですか。

店員 1080円です。

文法

1. 名詞 + (を) ください。 ~을 주세요

'~을(를) 주세요'란 의미로 많이 쓰인다.

- キムチ(を) ください。
- うどん(を) ください。

2. 円 ~엔

일본의 화폐 단위. 「1円」「5円」「10円」「50円」「100円」짜리 동전과 「1000円」「2000円」 「5000円」「10000円」짜리 지폐가 있다.

- ラーメンは 五百円です。
- たばこは 二百四十円です。
- お握りも 二百四十円です。

3. 고유숫자

1) 고유숫자 세기 　Track 40

하나	둘	셋	넷	다섯
一つ	二つ	三つ	四つ	五つ
여섯	일곱	여덟	아홉	열
六つ	七つ	八つ	九つ	十

※ 10 이후는 한자 숫자로 센다. : 十一, 十二, 十三……

2) 100~1000 숫자 세기 　Track 41

100	200	300	400	500
ひゃく	にひゃく	さんびゃく	よんひゃく	ごひゃく
600	700	800	900	1000
ろっぴゃく	ななひゃく	はっぴゃく	きゅうひゃく	せん

3) 1000 이상의 숫자 세기 ◉ Track 42

1000	2000	3000	4000	5000
せん	にせん	さんぜん	よんせん	ごせん
6000	**7000**	**8000**	**9000**	**10000**
ろくせん	ななせん	はっせん	きゅうせん	いちまん

チップ

❶ 「いくつ」

1) 몇 개.
   いくつですか。 몇 개입니까?

2) 상대방의 나이를 물을 때도 사용한다.
   おいくつですか。 몇 살입니까?

❷ 小銭とお釣り

1) 小銭 : 잔돈   2) お釣り : 거스름돈

❸ うどん屋

명사 뒤에 「屋」가 붙으면 '가게, 장사'란 뜻으로 쓰인다.

1) ラーメン屋 : 라면 가게   2) 花屋 : 꽃집
3) 薬屋 : 약국   4) 靴屋 : 구둣방
5) パン屋 : 빵집, 제과점

❹ ～に します。 ～로 하겠습니다.

A : 何に しますか。 무엇으로 하시겠습니까?

B : うどんに します。 우동으로 하겠습니다.

❺ 수 세기 ～個 : ～개 (작은 것을 셀 때 주로 쓰인다)

한 개	두 개	세 개	네 개	다섯 개
いっこ 一個	にこ 二個	さんこ 三個	よんこ 四個	ごこ 五個
여섯 개	일곱 개	여덟 개	아홉 개	열 개
ろっこ 六個	ななこ 七個	はちこ／はっこ 八個／八個	きゅうこ 九個	じっこ／じゅっこ 十個／十個

文型練習

1 例のように練習をしてみましょう。 🎙 Track 43

例 350円
A：うどんは いくらですか。
B：うどんは さんびゃくごじゅうえんです。

① 150円
A：お握りは_____。
B：_____。

② 12,000円
A：靴は_____。
B：_____。

③ 3,500円
A：かばんは_____。
B：_____。

④ 500円
A：ビールは_____。
B：_____。

⑤ 350円
A：コーヒーは_____。
B：_____。

74

2 例のように練習をしてみましょう。 🎧 Track 44

例

りんご／210円

A：りんごは いくらですか。

B：りんごは 三つで210円です。

① なし／600円

A：＿＿＿＿＿は ＿＿＿＿＿＿＿＿＿＿＿。

B：＿＿＿＿＿は ＿＿＿＿＿＿＿＿＿＿＿。

② ケーキ／700円

A：＿＿＿＿＿は ＿＿＿＿＿＿＿＿＿＿＿。

B：＿＿＿＿＿は ＿＿＿＿＿＿＿＿＿＿＿。

③ もも／1300円

A：＿＿＿＿＿は ＿＿＿＿＿＿＿＿＿＿＿。

B：＿＿＿＿＿は ＿＿＿＿＿＿＿＿＿＿＿。

④ みかん／480円

A：＿＿＿＿＿は ＿＿＿＿＿＿＿＿＿＿＿。

B：＿＿＿＿＿は ＿＿＿＿＿＿＿＿＿＿＿。

⑤ なす／200円

A：＿＿＿＿＿は ＿＿＿＿＿＿＿。

B：＿＿＿＿＿は ＿＿＿＿＿＿＿。

1 ひらがなはカタカナで、カタカナはひらがなで書_かきなさい。

1)　ウドン　　　→

2)　けーき　　　→

3)　こーひー　　→

4)　びーる　　　→

5)　ミカン　　　→

2 下線_{かせん}に一番適当_{いちばんてきとう}なものを四角_{しかく}の中_{なか}から一_{ひと}つ選_{えら}びなさい。

1)　おにぎりを＿＿＿＿＿＿＿とうどんください。

2)　キムチ＿＿＿＿＿＿＿ください。

3)　うどん＿＿＿＿＿＿＿します。

4)　てんぷらは＿＿＿＿＿＿＿。

5)　お握_{にぎ}り＿＿＿＿＿＿＿240円_{えん}です。

　　　みっつ、　を、　に、　は、　いかがですか

3 次_{つぎ}の韓国語_{かんこくご}を日本語_{にほんご}で書_かきなさい。

1)　튀김은 어떠세요?　＿＿＿＿＿＿＿＿＿＿＿＿＿＿。

2)　라면으로 하겠습니다.　＿＿＿＿＿＿＿＿＿＿＿。

3)　사과 3개 주세요.　＿＿＿＿＿＿＿＿＿＿＿＿＿。

4)　전부 얼마입니까?　＿＿＿＿＿＿＿＿＿＿＿＿。

5)　우동과 주먹밥 주세요.　＿＿＿＿＿＿＿＿＿＿。

応用会話 (おうようかいわ)

★ 처음에는 교과서를 보고 하고 두 번째는 교과서를 덮고 연습해 봅시다.

例 A: すみません。りんごは一(ひと)ついくらですか。

B: 一(ひと)つ、90円です。

A: りんご、三(みっ)つください。

B: 全部(ぜんぶ)で270円です。

八百屋 (やおや)

- 梨(なし)：一個(いっこ) 450円(えん)
- トマト：一個(いっこ) 45円(えん)
- パイナップル：一個(いっこ) 600円
- 桃(もも)：一個(いっこ) 110円(えん)円
- りんご：一(ひと)つ 90円(えん)
- にんじん：一本(いっぽん) 30円(えん)
- にんにく：一個(いっこ) 15円(えん)
- ネギ：一本(いっぽん) 50円(えん)
- すもも：一個(いっこ) 30円(えん)
- じゃが芋(いも)：一個(いっこ) 20円(えん)

聞き取り・書き取り練習 (ききとり・かきとりれんしゅう)

★ 잘 듣고 다음의 공란을 일본어로 채워 봅시다.　Track 45

山田	すみません。　　　　　は　　　　　ですか。
店員	です。
山田	じゃ、おにぎりを　　　　と　　　　ください。
店員	てんぷらは　　　　。
山田	てんぷら　　　　おねがいします。
店員	。
山田	で　いくらですか。
店員	1080円です。

単語帳 (たんごちょう)

キムチ 김치 | タバコ 담배 | ビール 맥주 | コーヒー 커피
| りんご 사과 | 梨(なし) 배 | もも 복숭아 | みかん 귤 | な
す 가지 | トマト 토마토 | にんじん 당근 | にんにく 마늘
| ネギ 파 | じゃがいも 감자 | すもも 자두 | 本(ほん)：길고
가는 물건을 세는 수사 (병, 연필, 꽃, 백묵, 파, 당근 등등)

■ 応用単語と文型 (おうようたんご ぶんけい)

- 全部(ぜんぶ)で いくらですか。：전부 얼마입니까?
- ～と ～をください。：～과(와) ～을(를) 주세요.
- ～ずつ：～씩
- ～だけ：～만

いっぽん 一本	にほん 二本	さんぼん 三本	よんほん 四本	ごほん 五本	ろっぽん 六本	ななほん／しちほん 七本／七本	はっぽん 八本	きゅうほん 九本	じっぽん 十本	じゅういっぽん 十一本	なんぼん 何本

日本文化
(に ほん ぶん か)

일본의 음식

일본 음식이라 하면 보통 사시미, 스시, 튀김, 우동, 소바, 된장국 등을 생각할 것이다. 모두 맛있고 인기 있는 음식이다.

일본 전통 음식의 대표로는 오세치요리(お節料理)를 들 수 있다.

이 요리는 궁중의 '오세치쿠(お節供)' 행사에서 유래했다. 供라는 글자를 보면 알 수 있듯이 절기에 신에게 바치는 것을 말한다. 궁중에서는 1월 1일과 7일, 3월 3일, 5월 5일, 7월 7일, 9월 9일 절기에 신에게 음식을 바치고 연회를 열었다. 이와 같은 궁중의 오세치요리 관습이 일반인들에게도 퍼져 설날 요리만을 '오세치요리'라고 부르게 되었다. 나오는 재료에는 제각기 의미가 있는데, 우선 검은콩은 건강하게 살라는 의미를 가지고 있다. 말린 청어 알은 자손번영의 의미가 있고 말린 멸치는 풍작을 기원하는 의미를 가지고 있다. 상 위에는 보통 두부, 나물 무침, 야채 조림, 무침, 밥, 된장국, 츠케모노(일본식 김치로 야채절임) 등의 요리가 올라온다.

고급 요정과 일식 전문점에서 먹을 수 있는 요리에는 기본적으로 코바치(작은 그릇에 나오는 음식들), 무침, 조림, 구이, 밥, 회, 국 등이 나온다. 여기에 사용되는 재료는 제철 음식들이다. 요리를 먹는 상황에 따라 각각 다른데 대표적인 것으로 다과회를 할 때 차카이세키(茶懷石)라는 카이세키요리가 있다. 달(月)에 따라 나오는 내용이 다르지만 모두 양이 상당히 적어서 그것으로 배를 채우기는 어렵다.

이밖에도 한국어로 '차'라고 발음하는 「ちゃ(茶)」가 있다. 이것은 차의 발상지인 중국에서 온 것인데 '차'라는 발음은 광동어에서 유래하고 있다. 영어에서는 '차'를 'tea'라고 하는데, 이것은 푸젠어의 '테'에서 유래하고 있다. 그러므로 '차'와 'tea' 둘 다 중국산이다. 이처럼 일본어에는 외래어인지 모르고 쓰는 말들이 의외로 많다.

08

<ruby>第<rt>だい</rt></ruby><ruby>8<rt>はっ</rt></ruby><ruby>課<rt>か</rt></ruby>

<ruby>何<rt>なん</rt></ruby><ruby>年<rt>ねん</rt></ruby><ruby>生<rt>う</rt></ruby>まれですか。

<ruby>重要<rt>じゅうよう</rt></ruby>ポイント

1. <ruby>年<rt>ねん</rt></ruby>、<ruby>月<rt>がつ</rt></ruby>、<ruby>日<rt>にち</rt></ruby>
2. <ruby>日本固有<rt>にほんこゆう</rt></ruby>の<ruby>日<rt>ひ</rt></ruby>
3. <ruby>何年<rt>なんねん</rt></ruby><ruby>生<rt>う</rt></ruby>まれですか。

①

<ruby>何年生<rt>なんねんう</rt></ruby>まれ
몇 년생

②

<ruby>誕生日<rt>たんじょうび</rt></ruby>
생일

③

<ruby>7月1日<rt>しちがつついたち</rt></ruby>
7월 1일

④

<ruby>夏<rt>なつ</rt></ruby>
여름

⑤

そうです
그렇습니다.

⑥

<ruby>9月24日<rt>くがつにじゅうよっか</rt></ruby>
9월 24일

⑦

<ruby>秋<rt>あき</rt></ruby>
가을

⑧

<ruby>来月<rt>らいげつ</rt></ruby>
다음 달

80

 イーさんは　何年生まれですか。

 1984年生まれです。山田さんは？

 1986年生まれです。じゃ、誕生日は いつですか。

 7月1日です。

 夏ですね。

 はい、そうです。山田さんの 誕生日は？

 9月 24日です。私は 秋です。

 あ、来月ですね。

文法

1. 何年生^{なんねん}まれですか。몇 년생입니까?

生^うまれ : 생, 출생, 태생

* 何年^{なんねん}に 生^うまれましたか。

2. 때를 나타내는 명사

조사 「に(에)」를 따로 쓰지 않는다.

1) 週^{しゅう}

先々週 せんせんしゅう	先週 せんしゅう	今週 こんしゅう	来週 らいしゅう	再来週 さらいしゅう
지지난주	지난주	이번주	다음주	다다음주

2) 月^{つき}

先々月 せんせんげつ	先月 せんげつ	今月 こんげつ	来月 らいげつ	再来月 さらいげつ
지지난달	지난달	이번달	다음달	다다음달

3) 年^{とし}

おととし	去年／昨年 きょねん さくねん	今年 ことし	来年 らいねん	再来年 さらいねん
재작년	작년	올해	내년	내후년

4) 季節^{きせつ}

春 はる	夏 なつ	秋 あき	冬 ふゆ
봄	여름	가을	겨울

3. 何月 <small>なんがつ</small> 🔊 Track 47

1月	2月	3月	4月	5月	6月
いちがつ	にがつ	さんがつ	しがつ	ごがつ	ろくがつ
7月	8月	9月	10月	11月	12月
しちがつ	はちがつ	くがつ	じゅうがつ	じゅういちがつ	じゅうにがつ

4. 何日 <small>なんにち</small> 🔊 Track 48

1日	2日	3日	4日	5日
ついたち	ふつか	みっか	よっか	いつか
6日	7日	8日	9日	10日
むいか	なのか	ようか	ここのか	とおか
11日	12日	13日	14日	15日
じゅういちにち	じゅうににち	じゅうさんにち	じゅうよっか	じゅうごにち
16日	17日	18日	19日	20日
じゅうろくにち	じゅうしちにち	じゅうはちにち	じゅうくにち	はつか
21日	22日	23日	24日	25日
にじゅういちにち	にじゅうににち	にじゅうさんにち	にじゅうよっか	にじゅうごにち
26日	27日	28日	29日	30日
にじゅうろくにち	にじゅうしちにち	にじゅうはちにち	にじゅうくにち	さんじゅうにち
31日				
さんじゅういちにち				

1 例のように練習をしてみましょう。　🎧 Track 49
　れい　　　　　　　　　れんしゅう

例
　　　　　　　　　　　　めんせつ
　　　　　　　　　　　面接／３月４日
　　　　　　　　　　　　めんせつ　　なん がつ なん にち
　　　　　　　A: 面接は 何月何日ですか。

　　　　　　　B: さんがつよっかです。

①
　　　　　そつぎょうしき
　　　　　卒業式／３月20日

　　　　　A: _____ 。

　　　　　B: _____ 。

②
　　　　　りょこう
　　　　　旅行／４月５日〜４月９日

　　　　　A: _____ 。

　　　　　B: _____ 。

③
　　　　　たんじょうび
　　　　　誕生日／９月８日

　　　　　A: _____ 。

　　　　　B: _____ 。

④
　　　　　はるやす
　　　　　春休み／３月５日

　　　　　A: _____ 。

　　　　　B: _____ 。

⑤
　　　　　れんきゅう
　　　　　連休／５月１日〜５月７日

　　　　　A: _____ 。

　　　　　B: _____ 。

2 例のように練習をしてみましょう。 🎧 Track 50

例　A：5日は 何曜日ですか。

　　B：金曜日です。

① 7日　　→ A：＿＿＿＿＿＿＿＿＿＿＿＿＿＿＿＿。

　　　　　→ B：＿＿＿＿＿＿＿＿＿＿＿＿＿＿＿＿。

② 9日　　→ A：＿＿＿＿＿＿＿＿＿＿＿＿＿＿＿＿。

　　　　　→ B：＿＿＿＿＿＿＿＿＿＿＿＿＿＿＿＿。

③ 10日　　→ A：＿＿＿＿＿＿＿＿＿＿＿＿＿＿＿＿。

　　　　　→ B：＿＿＿＿＿＿＿＿＿＿＿＿＿＿＿＿。

④ 14日　　→ A：＿＿＿＿＿＿＿＿＿＿＿＿＿＿＿＿。

　　　　　→ B：＿＿＿＿＿＿＿＿＿＿＿＿＿＿＿＿。

⑤ 24日　　→ A：＿＿＿＿＿＿＿＿＿＿＿＿＿＿＿＿。

　　　　　→ B：＿＿＿＿＿＿＿＿＿＿＿＿＿＿＿＿。

練習問題

1 次の漢字の読み仮名を書きなさい。

1) 何年生まれ ：＿＿＿＿＿＿＿＿＿　　2) 誕生日 ：＿＿＿＿＿＿＿＿＿

3) 夏　　　　 ：＿＿＿＿＿＿＿＿＿　　4) 秋　　 ：＿＿＿＿＿＿＿＿＿

5) 連休　　　 ：＿＿＿＿＿＿＿＿＿　　6) 春休み ：＿＿＿＿＿＿＿＿＿

2 四角に当てはまる日本語を入れなさい。

1日	1)	6日	3)
2日	ふつか	7日	なのか
3日	みっか	8日	4)
4日	2)	9日	ここのか
5日	いつか	10日	5)

3 次の韓国語を日本語で書きなさい。

1) 다나카씨는 몇 년생입니까?

＿＿＿＿＿＿＿＿＿＿＿＿＿＿＿＿＿＿＿＿＿＿。

2) 다음달 14일은 무슨 요일입니까?

＿＿＿＿＿＿＿＿＿＿＿＿＿＿＿＿＿＿＿＿＿＿。

3) 내일은 7월 1일입니다.

＿＿＿＿＿＿＿＿＿＿＿＿＿＿＿＿＿＿＿＿＿＿。

4) 여름방학은 언제입니까?

＿＿＿＿＿＿＿＿＿＿＿＿＿＿＿＿＿＿＿＿＿＿。

5) 다다음주 화요일이 시험입니다.

＿＿＿＿＿＿＿＿＿＿＿＿＿＿＿＿＿＿＿＿＿＿。

1. 金さんの誕生日は いつですか。

2. 明日は 何曜日ですか。

3. 昨日は 何日でしたか。

4. 来月の１４日は 何曜日ですか。

5. あさっては 何日ですか。

6. 金さんは 何年生まれですか。

7. 今年のクリスマスは 何曜日ですか。

8. 去年のお盆は いつでしたか。

9. 休みは 何日からですか。(20日)

10. 再来週の水曜日は 何日ですか。

 聞き取り・書き取り練習　_{き と か と れんしゅう}　★ 잘 듣고 다음의 공란을 일본어로 채워 봅시다.　 Track 51

山田	イーさんは _____ ですか。
イー	_____ 生まれです。山田さんは？
山田	1986 年生まれです。じゃ、_____ は いつですか。
イー	_____ です。
山田	_____ ですね。
イー	はい、そうです。山田さんの誕生日は？
山田	_____ です。私は _____ です。
イー	あ、_____ ですね。

日本文化(にほんぶんか)

축일, 축제(3대 마쓰리)

● 일본의 공휴일 (国民の祝日(こくみんのしゅくじつ))

설날(正月(しょうがつ)) : 1월 1일.

성인의 날(成人(せいじん)の日(ひ)) : 1월 둘째 주 월요일. (만 20세의 남녀가 성인이 됨을 축하한다.)

건국기념일(建国記念(けんこくきねん)の日(ひ)) : 2월 11일.

춘분의 날(春分(しゅんぶん)の日(ひ)) : 춘분, 3월 12일경.

쇼와의 날(昭和(しょうわ)の日(ひ)) : 4월 29일. (원래는 쇼와(昭和(しょうわ))천황 탄생일이었음.)

헌법기념일(憲法記念日(けんぽうきねんび)) : 5월 3일.

자연의 날(緑(みどり)の日(ひ)) : 5월 4일.

어린이날(こどもの日(ひ)) : 5월 5일.

바다의 날(海(うみ)の日(ひ)) : 7월 셋째 주 월요일. (전에는 7월 20일.)

경로의 날(敬老(けいろう)の日(ひ)) : 9월 셋째 주 월요일. (전에는 9월 15일.)

추분의 날(秋分(しゅうぶん)の日(ひ)) : 추분, 9월 23일경. 조상을 숭배하고 기림.

체육의 날(体育(たいいく)の日(ひ)) : 10월 둘째 주 월요일. (전에는 10월 10일.)

문화의 날(文化(ぶんか)の日(ひ)) : 11월 3일. (메이지(明治(めいじ))천황 탄생일이었음.)

근로자의 날(勤労感謝(きんろうかんしゃ)の日(ひ)) : 11월 23일.

천황 탄생일(天皇誕生日(てんのうたんじょうび)) : 현재의 今上(きんじょう)천황 탄생일, 12월 23일.

● 3대 마쓰리

① 祇園祭(ぎおんまつり)(京都市(きょうとし), 祇園神社(ぎおんじんじゃ))

② 天神祭(てんじんまつり)(大阪市(おおさかし), 大阪天満宮(おおさかてんまんぐう))

③ 神田祭(かんだまつり)(東京都(とうきょうと), 神田神社(かんだじんじゃ)) 또는 山王祭(さんのうまつり)(東京都(とうきょうと), 日枝神社(ひえじんじゃ))

09

<ruby>第9課<rt>だいきゅうか</rt></ruby>
<ruby>広<rt>ひろ</rt></ruby>くてとても<ruby>楽<rt>たの</rt></ruby>しいです。

<ruby>重要<rt>じゅうよう</rt></ruby>ポイント

1. <ruby>い形容詞<rt>けいようし</rt></ruby>の<ruby>現在形<rt>げんざいけい</rt></ruby>の<ruby>肯定<rt>こうてい</rt></ruby>と<ruby>否定<rt>ひてい</rt></ruby>
2. <ruby>い形容詞<rt>けいようし</rt></ruby> + <ruby>名詞<rt>めいし</rt></ruby>
3. ～と ～と どちらのほうが ～ですか。
4. ～くて

①
本当<ruby>本当<rt>ほんとう</rt></ruby>に
정말로

②
広<ruby>広<rt>ひろ</rt></ruby>い
넓다

③
楽<ruby>楽<rt>たの</rt></ruby>しい
즐겁다

④
デート
데이트

⑤
やはり
역시

⑥
映画館<ruby>映画館<rt>えい が かん</rt></ruby>
영화관

⑦
観覧車<ruby>観覧車<rt>かんらんしゃ</rt></ruby>
관람차

⑧
おいしい
맛있다

⑨
お店<ruby>店<rt>みせ</rt></ruby>
가게

⑩
いっぱい
가득

⑪
私<ruby>私<rt>わたし</rt></ruby>
저/나

⑫
ロッテワールド
롯데월드

⑬
どちら
어느 쪽

⑭
～より～(の)ほうが
～보다 ～쪽이(편이)

⑮ **あまり** : 그다지, 별로

⑯ **どこ** : 어디

⑰ **いろいろ** : 여러 가지

90

林 チェさん、お台場（だいば）は いかがですか。

チェ 本当（ほんとう）に 広（ひろ）くて楽（たの）しいです。

林 デートは やはり お台場です。

映画館（えいがかん）、かんらんしゃ、おいしいお店（みせ）も いっぱいです。

韓国（かんこく）では どこですか。

チェ いろいろですが、私（わたし）は ロッテワールドです。

林 じゃ、ロッテワールドと お台場と どちらのほうが 楽しい

ですか。

チェ そうですね。

ロッテワールドより お台場のほうが 楽しいです。

ロッテワールドは あまり 広くありません。

91

文法

形容詞란?

사람이나 사물의 성질 또는 상태 등을 나타내는 것으로 명사를 수식하기도 하고 그 자체가 술어가 되기도 한다. 일본어의 형용사는 그 활용에 따라 'い형용사' 'な형용사'로 나눌 수 있다.

1. 「い形容詞の活用」 - 楽しい : 즐겁다

		普通体	
		日本語	韓国語
現在形	肯定	楽しい	즐겁다
	否定	楽しく ない	즐겁지 않다

		丁寧体	
		日本語	韓国語
現在形	肯定	楽しいです	즐겁습니다
	否定	楽しく ありません 楽しく ないです	즐겁지 않습니다

1) 「い形容詞」의 긍정표현

　'い형용사'는 기본형이 「い」로 끝난다.

- 日本のおでんは おいしい。(현재긍정 보통표현)
- 日本のおでんは おいしいです。(현재긍정 정중표현)
- 日本のおでんは おいしいですか。(현재긍정 정중의문표현)

2) 「い形容詞」의 부정표현

- 日本のおでんは おいしく ない。(현재부정 보통표현)
- 日本のおでんは おいしく ありません。(현재부정 정중표현)
- 日本のおでんは おいしく ないです。(현재부정 정중표현)
- 日本のおでんは おいしく ありませんか。(현재부정 정중의문표현)

2. い形容詞 + 名詞 : ～한 ～
けいようし　　めいし

- ビビンバは 辛い料理です。
  から　りょうり
- これは 高いかばんです。
  たか
- 大きい部屋
  おお　へや
- 黄色い指輪
  きいろ　ゆびわ
- 暑い天気
  あつ　てんき

3. ～より ～(の)ほうが : ～보다 ～쪽이(～편이)

무언가를 비교할 때 사용하는 표현.

1) 名詞 + より
   めいし

- この自転車より 安いです。
  じてんしゃ　やす
- たくあんより キムチのほうが おいしいです。

2) い形容詞 + の + より
   けいようし

- 短いのより 長いほうが 高いです。
  みじか　なが　たか
- 暑いのより 暖かいほうが いいです。
  あつ　あたた

3) 名詞 + の + ほうが
   めいし

- 東京より ソウルのほうが 寒いです。
  とうきょう　さむ
- あの店のほうが おいしいです。
  みせ

4) い形容詞 + ほうが
   けいようし

- 大きいほうが 高いです。
  おお　たか
- 寒いほうが いいです。
  さむ

4. ～と ～と どちらのほうが ～ですか。: ～과(와) ～중 어느쪽이 ～ㅂ니까?

둘 이상을 비교할 때 사용한다. 한국어와는 달리 뒤에도 「と」를 쓰는 것이 일반적이다.

- キムチと たくあんと どちらのほうが おいしいですか。
- 東京と ソウルと どちらのほうが さむいですか。

5. い形容詞 + くて : ～고, ～서

大きい → くて

- 広くて 楽しいです。
- 寒くて 風も強いです。
- 安くて 味もいいです。

チップ

イ形容詞

| 赤い 빨갛다 | 青い 파랗다 | 黒い 검다 | 白い 하얗다 | 長い 길다 | 短い 짧다 |
| 暑い 덥다 | 寒い 춥다 | 暖かい 따뜻하다 | 涼しい 시원하다 | 難しい 어렵다 | 易しい 쉽다 |

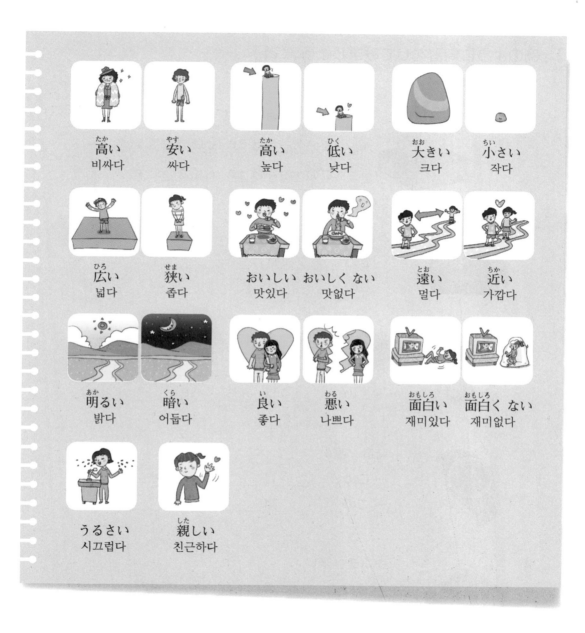

高_{たか}い
비싸다

安_{やす}い
싸다

高_{たか}い
높다

低_{ひく}い
낮다

大_{おお}きい
크다

小_{ちい}さい
작다

広_{ひろ}い
넓다

狭_{せま}い
좁다

おいしい
맛있다

おいしく ない
맛없다

遠_{とお}い
멀다

近_{ちか}い
가깝다

明_{あか}るい
밝다

暗_{くら}い
어둡다

良_いい
좋다

悪_{わる}い
나쁘다

面白_{おもしろ}い
재미있다

面白_{おもしろ}く ない
재미없다

うるさい
시끄럽다

親_{した}しい
친근하다

文型練習

1 例のように練習をしてみましょう。 🔊 Track 53

例

ケーキ／おいしい

この<u>ケーキ</u>は <u>おいしい</u>です。

この<u>ケーキ</u>は <u>おいしくない</u>です。

①

かばん／大きい

→ この＿＿＿＿＿＿は＿＿＿＿＿＿です。

→ この＿＿＿＿＿＿は＿＿＿＿＿＿＿＿です。

②

靴／新しい

→ この＿＿＿＿＿＿は＿＿＿＿＿＿です。

→ この＿＿＿＿＿＿は＿＿＿＿＿＿＿＿です。

③

時計／高い

→ この＿＿＿＿＿＿は＿＿＿＿＿＿です。

→ この＿＿＿＿＿＿は＿＿＿＿＿＿＿＿です。

④

キムチ／辛い

→ この＿＿＿＿＿＿は＿＿＿＿＿＿です。

→ この＿＿＿＿＿＿は＿＿＿＿＿＿＿＿です。

⑤

部屋／広い

→ この＿＿＿＿＿＿は＿＿＿＿＿＿です。

→ この＿＿＿＿＿＿は＿＿＿＿＿＿＿＿です。

2 例のように練習をしてみましょう。 🎧 Track 54

例

パソコン／小さい／軽い
→ このパソコンは 小さくて 軽いです。

①
金先生／優しい／面白い
→ 金先生は＿＿＿＿＿＿＿＿＿＿＿です。

②
レストラン／安い／おいしい
→ そのレストランは＿＿＿＿＿＿＿＿＿＿です。

③
財布／黒い／小さい
→ 田中さんの財布は＿＿＿＿＿＿＿＿＿＿です。

④
教室／狭い／うるさい
→ あの教室は＿＿＿＿＿＿＿＿＿＿です。

⑤
金さんのかばん／赤い／大きい
→ 金さんのかばんは＿＿＿＿＿＿＿＿＿＿です。

1 次の漢字の読み仮名を書きなさい。

1) 映画 : _____ 2) お店 : _____

3) 自転車 : _____ 4) 部屋 : _____

5) 指輪 : _____ 6) 天気 : _____

7) 東京 : _____ 8) 風 : _____

9) 財布 : _____ 10) 靴 : _____

2 反対の意味の単語を書きなさい。

1) 大きい → _____ 2) 新しい → _____

3) 寒い → _____ 4) おいしい → _____

5) 長い → _____ 6) 高い → _____

7) 広い → _____ 8) 難しい → _____

9) 軽い → _____ 10) 黒い → _____

3 次の韓国語を日本語で書きなさい。

1) 저 가게 라면은 맛이 없습니다.

_____。

2) 이 케이크는 달고 쌉니다.

_____。

3) 김치와 단무지 중 어느 쪽이 맛있습니까?

_____。

4) 서울보다 도쿄가 따뜻합니다.

_____。

5) 자전거보다 자동차가 비쌉니다.

_____。

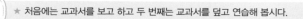
1. この教室は狭いですか。

  → はい、＿＿＿＿＿＿＿です。

  → いいえ、＿＿＿＿＿＿です。＿＿＿＿＿です。

  → ＿＿＿＿＿＿＿＿。でも、＿＿＿＿＿＿＿。

  → ＿＿＿＿＿＿＿＿＿です。

2. 日本のラーメンは おいしいですか。

  → はい、とても＿＿＿＿＿＿です。

  → いいえ、あまり＿＿＿＿＿＿ありません。。

  → はい、韓国のラーメン＿＿＿＿ おいしいです。

   でも＿＿＿＿＿＿です。

3. 日本語の勉強はどうですか。

  → とても ＿＿＿＿＿です。

  → あまり ＿＿＿＿＿ないです。

  → 少し ＿＿＿＿＿です。でも、＿＿＿＿＿です。

4. 韓国の冬はどうですか。

  → とても ＿＿＿＿＿です。

  → 日本＿＿＿＿＿ 寒いです。でも、チェジュドは ＿＿＿＿＿＿です。

5. 先生は背が高いですか。

  → はい、とても ＿＿＿＿＿です。

  → はい、背が＿＿＿＿＿＿かっこういいです。

  → いいえ、あまり＿＿＿＿＿＿ありません。

林　　チェさん、お台場は　　　　　　　　　　。

チェ　本当に　　　　　　　　　です。

林　　　　　　　　　　は　　　　　　　お台場です。

　　　映画館、かんらんしゃ、　　　　　　　お店もいっぱいです。

　　　韓国では　　　　　　　ですか。

チェ　いろいろですが、私は　　　　　　　　　　　です。

林　　じゃ、ロッテワールド　　　　お台場と　　　　　　　　が楽しいで
　　　すか。

チェ　そうですね。ロッテワールド　　　　お台場の　　　　が楽しいです。
　　　ロッテワールドは あまり　　　　　　　　　　　　　。

単語帳

ビビンバ 비빔밥 | 料理(りょうり) 요리 | ソウル 서울 | 部屋(へや) 방 | 店(みせ) 가게 | 指輪(ゆびわ) 반지 | 風(かぜ) 바람 |
自転車(じてんしゃ) 자전거 | レストラン 레스토랑 | たくあん 단무지 | 財布(さいふ) 지갑 | 教室(きょうしつ) 교실

■ 応用単語と文型

- 〜でも : 하지만
- 〜くもありません : 〜(하)지도 않습니다. 부정을 나열할 때 씀. 広(ひろ)い くも + ありません。
- 普通(ふつう)だ : 보통이다
- どうですか : 어떻습니까?
- 簡単(かんたん)だ : 간단하다
- 少(すこ)し : 약간, 조금
- 背(せ) : 키(신장) 背(せ)が高(たか)い。 키가 크다. 背(せ)が低(ひく)い。 키가 작다.
- とても : 매우, 대단히
- かっこう良(い)い : 멋있다
- あまり : 부정을 수반하는 부사. 그다지, 별로

日本文化 (にほんぶんか)

오다이바

오다이바(お台場)는 도쿄도 미나토구 다이바(東京都港区台場, 東京湾埋立13号地北部)의 통칭으로 다이바 1쵸메(一丁目)에서 다이바 2쵸메(二丁目)에 걸쳐 있다. 인구는 5,172명(2008년 4월 1일 현재, 주민기본대장에 의함. 미나미구 조사). 넓은 의미로는 시나가와구(品川区東八潮), 고토구 아오미(江東区青海)를 포함하는 13호 지역 전체를 오다이바라고 하는 경우도 있다. 이 지역은 바다에 임한 부도심의 일부이다.

嘉永6년(1853년), 페리함대가 내항해서 막부에 개국을 강요하자, 이에 위협을 느낀 막부는 에도(江戸)를 직접 방위하기 위해 이즈대관(伊豆代官)인 江川太郎左衛門(えがわたろうざえもん)에게 명해서 서양식의 해상포대(海上砲台)를 건설하게 했다. 공사가 급히 진행되어 1854년에 페리가 2번째 내항을 할 때까지 일부는 완성되어 시나가와 다이바(品川台場, 品海砲台)라 불렀다. 오다이바(お台場)라고 한 것은 막부에 경의를 표하기 위해 다이바(台場)에 경어인 御를 붙여 오다이바(御台場)라고 한 데서 유래한다고 한다.

페리함대는 시나가와 앞바다까지 왔으나 이 포대 덕에 요코하마(横浜)까지 되돌아가 상륙하게 되었다. 다이바는 돌담으로 둘러싸인 정방형과 5각형의 서양식포대로 해상에 제1 다이바에서 제7 다이바(이 가운데 제 7다이바는 미완성)와 시나가와의 御殿山(ごてんやま) 기슭에 御殿山下台場(ごてんやま), 도합 8개의 다이바가 건설되었다. 오다이바는 10년 정도밖에 안 되었지만, 데이트 코스로 주목받고 있다. 이는 후지TV와 덱스 도쿄비치가 생긴 무렵부터이다. 레인보 브릿지가 보이는 로케이션(야경)이 커플을 연출하고 있다.

도심에서 가볍게 갈 수 있는 거리도 매력적이다. 지방에서 온 관광객뿐 아니라 국내외 적으로도 오다이바는 유명해졌다. 이 간척지의 전체 명칭은 임해부도심(臨海副都心), 또 다른 이름은 레인보타운이라고 한다. 크게 나누어 다이바 지구, 아리아케 지구(有明地区), 아오미 지구(青海地区)의 세 지역으로 나누어져 있다.

본래 다이바가 있는 미나미구 다이바를 오다
이바라고 하지만, 언론에서는 이 지구 전체를
오다이바라고 한다.

하네다공항의 비행기 착륙지가 가까워 점보기
가 하늘을 날고 대형선박이 기적을 울리며 레
인보 브릿지 아래를 지나가는 모습을 잔디밭
에 누워 바라보는 것도 오다이바의 즐거움 중
하나이다.

도심에 가까우면서도 바닷가인 오다이바는 자연이 풍
부한 곳이다. 인공적으로 만들어진 토지와 해안이지
만 수많은 생물이 서식하고 있다.

덱크스도쿄비치(デックス東京ビーチ)와 아쿠아시
티(やアクアシティ) 오다이바, 비너스 포
트 등의 쇼핑, 레스토랑 복합몰, 메가웨브,
쉐르뮤지엄 등의 기업계 스페이스, 배 과
학관과 일본과학미래관 등의 과학관, 미디
어에서는 후지TV, 전시회 및 다목적 이벤
트 공간인 빅사이트, 온천 테마파크인 오
에도온천이야기(大江戸温泉物語) 등 다양
한 관광명소가 산재해 있다.

10

第 10 課

本当に おもしろかったです。

重要ポイント

1. い形容詞の過去形の肯定と否定
2. 〜でしょう。
3. 〜よ。
4. 〜し 〜し
5. い形容詞の名詞化

ダイアローグ単語

①

ディズニー・シー
디즈니씨
(Disney Sea)

② 食べ物
음식

③

アトラクション
어트랙션(attraction)

④

よかった
좋았다, 다행이다

⑤

お好み焼き
한국의 부침개에 해당

⑥

駅
역

⑦

入場料
입장료

⑧ ～よ : ～요.
문장 끝에 붙어 가벼운 강조나 감동을 나타냄.

⑨ ～中で : ～중에서

⑩ 一番 : 제일, 가장

ダイアローグ

 Track 56

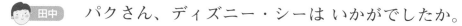

田中　パクさん、ディズニー・シーは いかがでしたか。

パク　食べ物も おいしかったし、アトラクションも

おもしろかったし、よかったですよ。

田中　食べ物の中で 何が一番 おいしかったですか。

パク　お好み焼きが 一番おいしかったです。

田中　駅から 遠くありませんでしたか。

パク　はい、あまり 遠くありませんでした。

田中　でも、入場料が 高かったでしょう。

パク　ええ。すこし 高かったです。

でも、ほんとうに おもしろかったです。

文法

1. い形容詞の活用 – 楽しい : 즐겁다

		普通体	
		日本語	韓国語
過去形	肯定	楽しかった	즐거웠다
	否定	楽しくなかった	즐겁지 않았다

		丁寧体	
		日本語	韓国語
過去形	肯定	楽しかったです	즐거웠습니다
	否定	楽しくありませんでした 楽しくなかったです	즐겁지 않습니다

2. ～でしょう : ～(겠)지요.

끝을 내릴 경우에는 '추측'의 의미로 쓰이나, 올릴 경우에는 '확인'의 의미로 쓰인다.

- 金さんも 先生でしょう。
- お台場も 楽しいでしょう。

3. ～よ : 강조, 감탄 (終助詞)

- お台場は 本当に よかったですよ。
- 日本語の授業は とても 面白いですよ。

4. ～し : ～(하)고

절과 절을 '그리고'의 의미로 연결시켜 주는 표현. 나열할 때 쓰인다.

- あの店は 値段も 安いし、雰囲気も いいです。
- 乗り物も 面白かったし、よかったです。
- 金先生は 優しいし、明るいです。

❶ 形容詞「良い」の活用

		普通体	丁寧体
現在形	肯定	いい／よい	いいです
	否定	よくない	よくないです
過去形	肯定	よかった	よかったです
	否定	よくなかった	よくなかったです

❷ い形容詞の名詞化

語尾「い」を「さ」로 바꾸어 정도(程度)나 척도(尺度)를 나타낸다.

い形容詞	名詞化	意味
暑い	暑さ	더위
長い	長さ	길이
大きい	大きさ	크기
深い	深さ	깊이
優しい	優しさ	상냥함
重い	重さ	무게

다음 형용사를 알아 둡시다.

明るい — 暗い	軽い — 重い	かわいい
밝다　어둡다	가볍다　무겁다	귀엽다
熱い — 冷たい	辛い — 酸っぱい	早い
뜨겁다　차갑다	맵다　시다	이르다
厚い — 薄い	速い — 遅い	まずい
두껍다　얇다	빠르다　느리다(속도)	맛없다
甘い — 塩辛い	濃い — 薄い	汚い
달다　짜다	진하다　연하다(싱겁다)	더럽다
新しい — 古い	怖い — 優しい	黄色い
새롭다　낡다(오래되다)	무섭다　상냥하다	노랗다
多い — 少ない	強い — 弱い	面白い
많다　적다	강하다　약하다	재미있다

文型練習

1 例のように練習をしてみましょう。 🎧 Track 57

例

ケーキ／おいしい

このケーキは おいしかったです。

このケーキは おいしくなかったです。

① セヘさん／家／新しい

→ セヘさんの＿＿＿＿＿は＿＿＿＿＿です。

→ セヘさんの＿＿＿＿＿は＿＿＿＿＿です。

② 教科書／安い

→ この＿＿＿＿＿は＿＿＿＿＿です。

→ この＿＿＿＿＿は＿＿＿＿＿です。

③ 携帯電話／軽い

→ この＿＿＿＿＿は＿＿＿＿＿です。

→ この＿＿＿＿＿は＿＿＿＿＿です。

④ 辞書／古い

→ この＿＿＿＿＿は＿＿＿＿＿です。

→ この＿＿＿＿＿は＿＿＿＿＿です。

⑤ 荷物／重い

→ この＿＿＿＿＿＿は＿＿＿＿＿＿です。

→ この＿＿＿＿＿＿は＿＿＿＿＿＿です。

⑥ 車／安い

→ この＿＿＿＿＿＿は＿＿＿＿＿＿です。

→ この＿＿＿＿＿＿は＿＿＿＿＿＿です。

⑦ 果物／高い

→ この＿＿＿＿＿＿は＿＿＿＿＿＿です。

→ この＿＿＿＿＿＿は＿＿＿＿＿＿です。

⑧ 部屋／汚い

→ この＿＿＿＿＿＿は＿＿＿＿＿＿です。

→ この＿＿＿＿＿＿は＿＿＿＿＿＿です。

⑨ 春／暖かい

→ この＿＿＿＿＿＿は＿＿＿＿＿＿です。

→ この＿＿＿＿＿＿は＿＿＿＿＿＿です。

⑩ 髪／長い

→ この＿＿＿＿＿＿は＿＿＿＿＿＿です。

→ この＿＿＿＿＿＿は＿＿＿＿＿＿です。

1 次の漢字の読み仮名を書きなさい。

1) 食べ物 : _____　　2) 一番 : _____

3) 雰囲気 : _____　　4) 入場料 : _____

5) 辞書 : _____　　6) 教科書 : _____

7) 車 : _____　　8) 遠い : _____

9) 果物 : _____　　10) 駅 : _____

2 現在形を過去形に直しなさい。

1) この部屋は汚くないです。　→ _____。

2) 春は暖かいです。　→ _____。

3) 髪は長くありません。　→ _____。

4) この車は安いです。　→ _____。

5) 携帯電話は軽くありません。　→ _____。

3 次の韓国語を日本語で書きなさい。

1) 음식도 맛있었습니다.

_____。

2) 오코노미야키가 제일 맛있었습니다.

_____。

3) 역에서 멀지 않았습니까?

_____。

4) 입장료가 비쌌죠.

_____。

5) 정말로 재미있었습니다.

_____。

応用会話 ★ 처음에는 교과서를 보고 하고 두 번째는 교과서를 덮고 연습해 봅시다.

例 日本の映画は面白かったですか。

→ はい、<u>おもしろかったです</u>。

→ いいえ、<u>おもしろくなかったです</u>。

1. OOさんのかばんは高かったですか。

→ はい、＿＿＿＿＿＿＿＿＿＿＿。

→ いいえ、＿＿＿＿＿＿＿＿＿＿＿。

→ よくわかりません。＿＿＿＿＿＿＿＿＿でした。（プレゼント）

2. 韓国は物価が高いですか。

→ はい、とても＿＿＿＿＿＿＿＿＿です

→ いいえ、日本よりは＿＿＿＿＿＿＿＿＿です。

→ はい、昔は＿＿＿＿＿＿＿です。 でも、今は＿＿＿＿＿です。

聞き取り・書き取り練習 ★ 잘 듣고 다음의 공란을 일본어로 채워 봅시다. Track 58

田中	パクさん、＿＿＿＿＿＿＿はいかがでしたか。
パク	食べ物も＿＿＿＿＿＿、アトラクションも ＿＿＿＿＿＿、よかったですよ。
田中	食べ物の中で 何が一番＿＿＿＿＿＿。
パク	お好み焼きが＿＿＿＿おいしかったです。
田中	駅から＿＿＿＿＿＿。
パク	はい、あまり遠くありませんでした。
田中	でも、入場料が＿＿＿＿＿＿＿。
パク	ええ。すこし高かったです。 でも、本当に＿＿＿＿＿＿。

単語帳

値段(ねだん) 가격 | 辞書(じしょ) 사전 | 雰囲気(ふんいき) 분위기 | 荷物(にもつ) 짐, 하물 | 性格(せいかく) 성격 | 果物(くだもの) 과일 | 教科書(きょうかしょ) 교과서 | 春(はる) 봄 | 髪(かみ) 머리카락

■ 応用単語と文型

・よく分(わ)かりません。 : 잘 모르겠습니다.
・プレゼント : 선물 ・物価(ぶっか) : 물가
・昔(むかし) : 옛날

111

日本文化 <ruby>日<rt>に</rt></ruby><ruby>本<rt>ほん</rt></ruby><ruby>文<rt>ぶん</rt></ruby><ruby>化<rt>か</rt></ruby>

디즈니씨

도쿄 디즈니씨(Tokyo DisneySea® : 약칭 TDS)는 도쿄 디즈니랜드 등과 함께 도쿄 디즈니 리조트(TDR)를 형성하여 바다를 테마로 한 디즈니파크이다. 공원 내는 콘셉트 별로 다음과 같이 '테마포트'라 불리는 7개 지역으로 나누어져 있다.

① 메디테레니언 하버(Mediterranean Harbor)는 남유럽의 항구도시를 테마로 하고 있다.
② 아메리칸 워터 프론트(American Waterfront)는 미국 항구를 테마로 하고 있다. 실제로는 공원 내 부지와 도쿄만 사이에는 도로와 보도, 디즈니 리조트 라인의 선로 등이 있으나 도쿄만만이 보이도록 설계되어 있어 다른 곳은 배경의 효과를 내고 있다.
③ 포트 디스커버리(Port Discovery)는 20세기 초 SF소설의 세계를 모티브로 한 미래 도시 항구를 테마로 하고 있다. 아메리칸 워터 프론트와 마찬가지로 도쿄만을 배경으로 이용하고 있다.
④ 미스테리어스 아일랜드(Mysterious Island)는 프랑스 명작가 쥬르 베루느(ジュール・ヴェルヌ)의 SF소설 세계를 모티브로 하고 1873년 남태평양의 화산섬을 테마로 하여 포트 디스커버리와 마찬가지로 레토르퓨처(レトロフューチャー)를 모티브로 사용하고 있다. 공원 내의 상징적 존재인 '프로메테우스 화산'이 이곳에 있는데 '센터 오프 디 아스'는 쥬르 베루느(ジュール・ヴェルヌ)의 〈지하탐험〉을 재현한 어트랙션이다. 그밖에 〈해저 2만리〉에 등장하는 잠수함 노틸라스호 등이 재현되어 있다.
⑤ 머메이드 라군(Mermaid Lagoon)은 영화 〈리틀 머메이드〉의 세계를 모티브로 한 인어의 해저왕국을 테마로 하고 있다.
⑥ 로스트 리버 델타(Lost River Delta)는 1930년대의 고대문명 유적 발굴 현장을 모티브로 한 중앙아메리카의 열대우림지역을 테마로 하고 있다. 중앙을 흐르는 하천(로스트 리버)에 의해 둘로 분단되어 있다.
⑦ 아라비안 코스트(Arabian Coast)는 영화 '알라딘'에 등장하는 괴물 지니가 만들어낸 아라비안나이트의 세계를 모티브로 한 중세 아라비아 문명 풍의 도시를 테마로 하고 있다. 어트랙션은 신드밧드ㆍ스토리 북ㆍ보얏지(ヴォヤッジ), 매직램프 시어터 등이 있다.

국내에는 각 테마에 맞춘 어트랙션과 레스토랑이 있다. TDL과는 달리 맥주와 와인 등의 알콜 음료를 판매하는 등 성인층 고객도 배려하고 있다.
미키마우스를 비롯한 저명한 디즈니 캐릭터 외에 리틀 머메이드와 알라딘 등 TDS의 콘셉트에 따라 디즈니 캐릭터가 맞이한다. 또한 미키와 친구들은 거주장소가 TDL의 톤타운으로 되어 있기 때문에 TDS는 '친선대사'란 형태로 출연한다. 때문에 캐릭터를 만날 확률은 TDL이 높다.

11

第11課
<ruby>第<rt>だい</rt></ruby>11<ruby>課<rt>じゅういっか</rt></ruby>

一番有名な日本の
<ruby>一番<rt>いちばん</rt></ruby><ruby>有名<rt>ゆうめい</rt></ruby>な<ruby>日本<rt>にほん</rt></ruby>の

アニメかんとくは誰ですか。
アニメかんとくは<ruby>誰<rt>だれ</rt></ruby>ですか。

重要ポイント
<ruby>重要<rt>じゅうよう</rt></ruby>ポイント

1. な形容詞の現在形の肯定と否定
   な<ruby>形容詞<rt>けいようし</rt></ruby>の<ruby>現在形<rt>げんざいけい</rt></ruby>の<ruby>肯定<rt>こうてい</rt></ruby>と<ruby>否定<rt>ひてい</rt></ruby>
2. な形容詞 + 名詞
   な<ruby>形容詞<rt>けいようし</rt></ruby> + <ruby>名詞<rt>めいし</rt></ruby>
3. 〜はどうですか。

アニメ
애니메이션

②
どうですか
어떻습니까?

③
一番
제일, 가장

④
宮崎 駿
미야자키 하야오
일본 애니메이션 감독

⑤
絵
그림

⑥
すてきだ
멋있다

⑦
音楽
음악

⑧
静かだ
조용하다

⑨
にぎやかだ
활기차다,
번화하다

⑩
一緒に
함께

⑪ とても : 매우, 대단히
⑫ 有名だ : 유명하다
⑬ 監督 : 감독
⑭ 誰 : 누구
⑮ やっぱり : 역시

⑯ きれいだ : 예쁘다, 깨끗
하다
⑰ あまり : 그다지, 별로
⑱ 今度 : 이번, 다음
⑲ もの : 물건, 것

ダイアローグ

 Track 59

田中 パクさん、日本のアニメはどうですか。

パク とても おもしろいです。

田中 じゃ、韓国で 一番有名な日本のアニメかんとくは 誰ですか。

パク やっぱり、宮崎駿さんが 有名です。

田中 宮崎アニメは 絵がすてきですね。

パク はい、とても 絵がきれいです。

田中 音楽も 静かなものが 多いですね。

パク そうですね。あまり にぎやかじゃありませんね。

田中 じゃ、今度 いっしょに いかがですか。

パク ええ、いいですね。

文法

1. な形容詞の活用 - 現在形

	普通体	
	日本語	韓国語
肯定	きれいだ	예쁘다
否定	きれいだではない じゃない	예쁘지 않다

	丁寧体	
	日本語	韓国語
肯定	きれいです	예쁩니다
否定	きれいだでは(じゃ)ありません では(じゃ)ないです	예쁘지 않습니다

- 図書館は 静かです。
- ボアさんは きれいです。
- まだ 日本語は 上手ではありません。
- ビビンバは 好きではないです。

3. 〜か : 〜까(終助詞) − 문말에 붙어서 의문문을 만든다.

- 図書館は 静かですか。
- 日本語が 上手ではありませんか。

4. な形容詞 + 名詞です

きれいだ ＋ な ＋ 彼女

- 静かな図書館ですね。
- きれいなボアさんは 歌も上手ですね。
- 好きな料理は 何ですか。

❶ ～が好きだ／～が嫌いだ

「～が」는 な형용사에서 좋아하는 대상을 나타내는 조사로 쓰이는데, 우리말로는 '을/를'로 번역한다. 그 밖에 「～が」를 쓰고 한국어로는 '～을/를'로 번역하는 경우로 「～が上手だ, ～が下手だ, ～が得意だ, ～が苦手だ」가 있다.

例 キムチが好きです。

ゴルフが上手ですね。

好き／嫌い 연습

1) スポーツが　　好き／嫌い　です。
2) カラオケが　　好き／嫌い　です。
3) すしが　　　　好き／嫌い　です。
4) 日本語が　　　好き／嫌い　です。
5) 先生が　　　　好き／嫌い　です。

❷ 자주 쓰이는 な形容詞

好きだ ↔	嫌いだ	静かだ ↔	にぎやかだ
좋아하다	싫어하다	조용하다	번화하다
上手だ ↔	下手だ	便利だ ↔	不便だ
잘하다	못하다	편리하다	불편하다
安全だ	きれいだ	大変だ	
안전하다	예쁘다, 깨끗하다	힘들다, 큰일이다	
新鮮だ	親切だ	まじめだ	立派だ
신선하다	친절하다	성실하다	훌륭하다
幸せだ	ハンサムだ	暇だ	
행복하다	핸섬하다	한가하다	

文型練習

1 例のように練習をしてみましょう。 Track 60

例

教室／静かだ

教室は 静かです。

教室は 静かではありません。

①

部屋／きれいだ

→ ＿＿＿＿＿＿＿は＿＿＿＿＿＿＿です。

→ ＿＿＿＿＿＿＿は＿＿＿＿＿＿＿ではありません。

②

東京／にぎやかだ

→ ＿＿＿＿＿＿＿は＿＿＿＿＿＿＿です。

→ ＿＿＿＿＿＿＿は＿＿＿＿＿＿＿ではありません。

③

金先生／親切だ

→ ＿＿＿＿＿＿＿は＿＿＿＿＿＿＿です。

→ ＿＿＿＿＿＿＿は＿＿＿＿＿＿＿ではありません。

④

地下鉄／便利だ

→ ＿＿＿＿＿＿＿は＿＿＿＿＿＿＿です。

→ ＿＿＿＿＿＿＿は＿＿＿＿＿＿＿ではありません。

⑤

友達／ハンサムだ

→ ＿＿＿＿＿＿＿は＿＿＿＿＿＿＿です。

→ ＿＿＿＿＿＿＿は＿＿＿＿＿＿＿ではありません。

2 例のように練習をしてみましょう。 🔊 Track 61

例
日本語／上手だ／下手だ

金さんは 日本語 が 上手 ですか。

はい、上手 です。

いいえ、上手 ではありません。 下手 です。

① 温泉／好きだ／嫌いだ

金さんは＿＿＿＿＿＿が＿＿＿＿＿＿＿＿ですか。

はい、＿＿＿＿＿＿＿＿＿。

いいえ、＿＿＿＿＿＿＿＿＿＿＿＿。＿＿＿＿＿です。

② サッカー／好きだ／嫌いだ

イーさんは＿＿＿＿＿＿が＿＿＿＿＿＿＿＿ですか。

はい、＿＿＿＿＿＿＿＿＿。

いいえ、＿＿＿＿＿＿＿＿＿＿＿＿。＿＿＿＿＿です。

③ 水泳／上手だ／下手だ

金さんは＿＿＿＿＿＿が＿＿＿＿＿＿＿＿ですか。

はい、＿＿＿＿＿＿＿＿＿。

いいえ、＿＿＿＿＿＿＿＿＿＿＿＿。＿＿＿＿＿です。

④ 歌／上手だ／下手だ

イーさんは＿＿＿＿＿＿が＿＿＿＿＿＿＿＿ですか。

はい、＿＿＿＿＿＿＿＿＿。

いいえ、＿＿＿＿＿＿＿＿＿＿＿＿。＿＿＿＿＿です。

⑤ 映画／好きだ／嫌いだ

金さんは＿＿＿＿＿＿が＿＿＿＿＿＿＿＿ですか。

はい、＿＿＿＿＿＿＿＿＿。

いいえ、＿＿＿＿＿＿＿＿＿＿＿＿。＿＿＿＿＿です。

1 次の漢字の読み仮名を書きなさい。
つぎ かんじ よ がな か

1) 図書館　：＿＿＿＿＿＿＿　　2) 歌　　：＿＿＿＿＿＿

3) 温泉　　：＿＿＿＿＿＿＿　　4) 料理　：＿＿＿＿＿＿

5) 地下鉄　：＿＿＿＿＿＿＿　　6) 友達　：＿＿＿＿＿＿

7) 水泳　　：＿＿＿＿＿＿＿　　8) 映画　：＿＿＿＿＿＿

2 肯定文は 否定文に、否定文は 肯定文に 直しなさい。
こうていぶん　ひていぶん　　ひていぶん　こうていぶん　なお

1) この部屋はきれいです。　　→ ＿＿＿＿＿＿＿＿＿＿＿＿＿＿。
へや

2) 友達は 親切ではありません。　→ ＿＿＿＿＿＿＿＿＿＿＿＿＿。
ともだち　しんせつ

3) 飛行機は 安全ではありません。　→ ＿＿＿＿＿＿＿＿＿＿＿＿＿。
ひこうき　あんぜん

4) この車は 丈夫です。　　→ ＿＿＿＿＿＿＿＿＿＿＿＿＿＿。
くるま　じょうぶ

5) 携帯電話は 便利です。　　→ ＿＿＿＿＿＿＿＿＿＿＿＿＿。
けいたいでんわ　べんり

3 次の韓国語を日本語で書きなさい。
つぎ　かんこくご　にほんご　か

1) 다나카씨는 노래를 잘합니다.

＿＿＿＿＿＿＿＿＿＿＿＿＿＿＿＿＿＿＿＿＿＿。

2) 김씨는 영화를 좋아하지 않습니다.

＿＿＿＿＿＿＿＿＿＿＿＿＿＿＿＿＿＿＿＿＿＿。

3) 이 온천은 조용합니다.

＿＿＿＿＿＿＿＿＿＿＿＿＿＿＿＿＿＿＿＿＿＿。

4) 강남역은 번화합니다.

＿＿＿＿＿＿＿＿＿＿＿＿＿＿＿＿＿＿＿＿＿＿。

5) 다나카씨는 핸섬하지 않습니다.

＿＿＿＿＿＿＿＿＿＿＿＿＿＿＿＿＿＿＿＿＿＿。

応用会話 ★ 처음에는 교과서를 보고 하고 두 번째는 교과서를 덮고 연습해 봅시다.

1. 先生は どんな人ですか。

2. どんな食べ物が 好きですか。

3. ○○さんの 得意な歌は 何ですか

4. どんなスポーツが 好きではありませんか。

5. 韓国で 賑やかなところは どこですか。

聞き取り・書き取り練習 ★ 잘 듣고 다음의 공란을 일본어로 채워 봅시다. Track 62

田中	パクさん、日本のアニメは　　　　　　　　　　　。
パク	とても　　　　　　　　　です。
田中	じゃ、韓国で一番　　　　　　　　　　　　　 かんとくは 誰ですか。
パク	やっぱり、宮崎駿さんが有名です。
田中	宮崎アニメは絵が　　　　　　　　ですね。
パク	はい、とても絵が　　　　　　　です。
田中	音楽も　　　　　　　が多いですね。
パク	そうですね。あまり　　　　　　　　　　　。
田中	じゃ、　　　　　　いっしょに　　　　　　　ですか。
パク	ええ、　　　　　　です ね。

単語帳

図書館(としょかん) 도서관 | 温泉(おんせん) 온천 | 地下鉄(ちかてつ) 지하철 | 歌(うた) 노래 | サッカー 축구 | 料理(りょうり) 요리 | 友達(ともだち) 친구 | 水泳(すいえい) 수영 | 映画(えいが) 영화 | ゴルフ 골프 | 飛行機(ひこうき) 비행기

■ 応用単語と文型

- どんな人(ひと) : 어떤 사람
- どんな食(た)べ物(もの) : 어떤 음식
- どんなスポーツ : 어떤 스포츠
- にぎやかなところ : 번화한 곳
- 得意(とくい)な歌(うた) : 잘하는 노래
- 得意(とくい)なこと : 잘하는 것(일)

121

日本文化

にほんぶんか

만화*애니메이션

일본의 대표적인 국민만화로 '치비마루코'를 들 수 있다. 원작은 1986년에 만화로 등장한 것이 최초로 〈춤추는 폰포고린〉이라는 주제가로 일본의 TV에 갑자기 등장한 캐릭터이다. 가수 B.B. 퀸즈가 부른 〈춤추는 폰포고린〉은 레코드 대상을 획득하기도 했다. 동시에 애니메이션 〈치비마루코짱〉의 인기는 엄청나게 치솟았다. 〈치비마루코짱〉이야기는 주인공 '마루코'와 작가인 '사쿠라 모모코'의 시각에서 그려져 있다. 이야기의 무대는 시즈오카 현 키요미즈시인데 거기에 살고 있는 사람들과 학교 친구들, 가족이 등장인물이다. 이들과 마루코의 일상생활이 풋풋하게 그려져 있다. 마루코 본인이기도 한 작가 사쿠라 모모코는 고등학교 시절 처음으로 만화를 써서 출판사 응모 이후 인기 만화가로서 활약하게 되었다. 지금은 만화 외에 수필가로서도 유명하다.

● 애니메이션(アニメーション)

일본은 세계 최대의 애니메이션 생산국이다. 일본의 TV 애니메이션은 동남아시아를 비롯하여 유럽 미국 등 전 세계에 수출되고 있다. 우리나라에 잘 알려진 애니메이션으로 데즈카 오사무(手塚治)의 무쇠팔 아톰은 미국에서도 아스트로보이로서 인기를 얻었다. 기타 은하철도999, 마징가Z, 슬램덩크, 드래곤볼 등이 있으며, 요즘 일본 애니메이션의 대표적인 인물인 미야자키 하야

오의 〈이웃집의 토토로(となりのトトロ)〉등은 세계적으로 알려져 있다. 1990년대 후반에는 신세기 에반게리온(新世紀エヴァンゲリオン)·원령 공주(もののけ姫) 등이 대히트를 기록했다.

しんせいき
ひめ

● 미야자키 하야오(宮崎駿)

みやざきはやお

미야자키 하야오(宮崎駿)는 1960년대부터 활동한 일본 애니메이션 작가이다. 세계적으로도 유명한 일본의 애니메이션계에서 가장 유명한 작가 중의 한 사람이다. 그의 작품이 다루고 있는 것은 자신이 관심을 가지고 있는 테마에 대한 것에서부터 인류애에 이르기까지 아주 다양하다. '이웃집 토토로 (となりのトトロ)', '바람 계곡의 나우시카(風の谷のナウシカ)'등이 그의 대표작이다.

みやざきはやお
かぜたに

第 12 課

<ruby>しゅ<rt></rt></ruby><ruby>じん<rt></rt></ruby><ruby>こう<rt></rt></ruby>
主人公は とてもりっぱでした。

じゅうよう
重要ポイント

けいようし　　か こ けい　こうてい　　ひ てい
1. な形容詞の過去形の肯定と否定
2. ～は どうでしたか。

①
感動的だ
<small>かんどうてき</small>
감동적이다

②
同じだ
<small>おな</small>
같다, 동일하다

③
俳優
<small>はいゆう</small>
배우

④
主人公
<small>しゅじんこう</small>
주인공

⑤
りっぱだ
훌륭하다

⑥
かわいそうだ
불쌍하다, 가엾다

⑦
幸せ
<small>しあわ</small>
행복, 행운

⑧
私のタイプ
<small>わたし</small>
내 이상형
내가 좋아하는 스타일

⑨ **どうでしたか。** : 어떠했습니까?

⑩ **とても** : 매우, 대단히

⑪ **ええ** : はい의 의미, 예

⑫ **前半** : 전반 → **後半** : 후반
<small>ぜんはん</small> <small>こうはん</small>

⑬ **実** : 사실, 진실
<small>じっ</small>

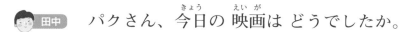田中 パクさん、今日の 映画は どうでしたか。

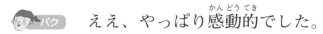パク ええ、やっぱり感動的でした。

田中 私も同じです。じゃ、先週の映画は どうでしたか。

パク 先週のは あまり 感動的じゃありませんでした。

田中 ああ、そうですか。

やっぱり、今日の映画は よかったですね。

パク 今日の主人公は とても りっぱでした。

田中 最初、あの主人公は たいへんでしたね。

パク ええ、前半は 主人公が とても かわいそうだったでしょう。

でも、後半は しあわせでしたね。

田中 実は あのはいゆうが 私のタイプです。

文法

1. な形容詞の活用 — 過去形

	普通体	
	日本語	韓国語
肯定	きれいだった	예뻤다
否定	きれいだではなかった じゃなかった	예쁘지 않았다

	丁寧体	
	日本語	韓国語
肯定	きれいでした	예뻤습니다
否定	きれいだでは(じゃ)ありませんでした では(じゃ)なかったです	예쁘지 않았습니다

- アニメが 好きでした。
- アニメが 好きではなかったです。
- アニメが 好きではありませんでした。

2. 〜は どうでしたか : 〜은 어땠습니까?

「どうですか(어떻습니까)」の 과거형

- 日本は どうでしたか。
- 昨日の パーティーは どうでしたか。

❶ 자주 쓰이는 な形容詞(けいようし)

簡単(かんたん)だ : 간단하다 危険(きけん)だ : 위험하다

元気(げんき)だ : 건강하다 大丈夫(だいじょうぶ)だ : 괜찮다

心配(しんぱい)だ : 걱정이다 楽(らく)だ : 편하다

同(おな)じだ : 똑같다

❷ 〜のは : 〜것은

先週(せんしゅう)のは あまり 感動的(かんどうてき)じゃ ありませんでした。

❷ な形容詞(けいようし) + 人(ひと)

静(しず)かな人(ひと) : 조용한 사람 活発(かっぱつ)な人(ひと) : 활발한 사람

親切(しんせつ)な人(ひと) : 친절한 사람 きれいな人(ひと) : 예쁜 사람

まじめな人(ひと) : 성실한 사람 正直(しょうじき)な人(ひと) : 솔직한 사람

勤勉(きんべん)な人(ひと) : 근면한 사람

文型練習

1 例のように練習をしてみましょう。 🔊 Track 64

例

野球は 好きでしたか。

はい、野球は 好きでした。

いいえ、野球は 好きではありませんでした。

野球／好きだ

① ＿＿＿＿＿は＿＿＿＿＿か。

はい、＿＿＿＿＿は＿＿＿＿＿でした。

いいえ、＿＿＿＿＿は＿＿＿＿＿ではありませんでした。

部屋／きれいだ

② ＿＿＿＿＿は＿＿＿＿＿か。

はい、＿＿＿＿＿は＿＿＿＿＿でした。

いいえ、＿＿＿＿＿は＿＿＿＿＿ではありませんでした。

北京／にぎやかだ

③ ＿＿＿＿＿は＿＿＿＿＿か。

はい、＿＿＿＿＿は＿＿＿＿＿でした。

いいえ、＿＿＿＿＿は＿＿＿＿＿ではありませんでした。

日本語／簡単だ

④ ＿＿＿＿＿は＿＿＿＿＿か。

はい、＿＿＿＿＿は＿＿＿＿＿でした。

いいえ、＿＿＿＿＿は＿＿＿＿＿ではありませんでした。

交通／便利だ

⑤　_____は_____か。

はい、_____は_____でした。

いいえ、_____は_____ではありませんでした。

友達／ハンサムだ

2 例のように練習をしてみましょう。　🎧 Track 65

> 例　まじめだ／学生だ → まじめな学生ですね。

① 静かだ／レストランだ → _____。

② まじめだ／先生だ　　→ _____。

③ きれいだ／歌手だ　　→ _____。

④ にぎやかだ／町　　　→ _____。

⑤ 有名だ／お寺　　　　→ _____。

⑥ 親切だ／日本人　　　→ _____。

⑦ りっぱだ／警察官　　→ _____。

⑧ 簡単だ／本　　　　　→ _____。

⑨ 楽だ／いす　　　　　→ _____。

練習問題

1 次の漢字の読み仮名を書きなさい。

1) 実 ：＿＿＿＿＿＿＿ 　 2) 感動的 ：＿＿＿＿＿＿＿

3) 同じ ：＿＿＿＿＿＿＿ 　 4) 主人公 ：＿＿＿＿＿＿＿

5) 最初 ：＿＿＿＿＿＿＿ 　 6) 後半 ：＿＿＿＿＿＿＿

2 例のように丁寧体に直しなさい。

例 日本語の勉強／簡単だった　→日本語の勉強は簡単でした。

1) 携帯電話／便利ではなかった 　→＿＿＿＿＿＿＿＿＿＿＿＿＿＿。

2) 京都／静かだった 　→＿＿＿＿＿＿＿＿＿＿＿＿＿＿。

3) 金先生／親切ではなかった 　→＿＿＿＿＿＿＿＿＿＿＿＿＿＿。

4) 妹／元気だった 　→＿＿＿＿＿＿＿＿＿＿＿＿＿＿。

5) 中村さん／元気ではなかった 　→＿＿＿＿＿＿＿＿＿＿＿＿＿＿。

3 次の韓国語を日本語で書きなさい。

1) 오늘 영화는 어땠습니까?

＿＿＿＿＿＿＿＿＿＿＿＿＿＿＿＿＿。

2) 김씨는 성실한 사람이었습니다.

＿＿＿＿＿＿＿＿＿＿＿＿＿＿＿＿＿。

3) 그다지 감동적이지 않았습니다.

＿＿＿＿＿＿＿＿＿＿＿＿＿＿＿＿＿。

4) 주인공은 힘들었습니다.

＿＿＿＿＿＿＿＿＿＿＿＿＿＿＿＿＿。

5) 후반은 행복했습니다.

＿＿＿＿＿＿＿＿＿＿＿＿＿＿＿＿＿。

応用会話 ★ 처음에는 교과서를 보고 하고 두 번째는 교과서를 덮고 연습해 봅시다.

1. 映画は　どうでしたか。

2. ００の先生は　どんな人でしたか。

3. 中学生のとき　好きなテレビ番組は　何でしたか。

4. 日本は　どうでしたか。

5. 日本の人は　親切でしたか。

聞き取り・書き取り練習 ★ 잘 듣고 다음의 공란을 일본어로 채워 봅시다. Track 66

田中	パクさん、今日の映画は　　　　　　　　か。
パク	ええ、やっぱり　　　　　　　でした。
田中	私も　　　　　　です。じゃ、先週の映画は どうでしたか。
パク	先週　　　　　あまり　　　　　　　　　　　　　　　。
田中	ああ、そうですか。やっぱり、今日の映画は　　　　　　　。
パク	今日の主人公はとても　　　　　　。
田中	最初、あの主人公は　　　　　　　　　ね。
パク	ええ、前半は 主人公が とても　　　　　　でしょう。
	でも、後半は　　　　　　でしたね。
田中	実は あのはいゆうが　　　　　　です。

単語帳

京都(きょうと) 교토 | 町(まち) 마을 | 妹(いもうと) 여동생 | 警察官(けいさつかん)
경찰관 | 勉強(べんきょう) 공부 | いす 의자 | 野球(やきゅう) 야구 | お寺(てら)
절 | 交通(こうつう) 교통 | 北京(ペキン) 북경

■ 応用単語と文型

• 好(す)きなテレビ番組(ばんぐみ)：
　좋아하는 텔레비전 프로그램

日本文化
<ruby>日<rt>に</rt>本<rt>ほん</rt>文<rt>ぶん</rt>化<rt>か</rt></ruby>

영화＊드라마

●구로사와 아키라(黒澤明)

구로사와 아키라는 영화감독으로서 그의 영화 〈랴쇼몽(羅生門)〉
이 51년 베네치아국제영화제에서 그랑프리를 획득함으로써 일본
인들에게 문화적 자긍심을 심어 주게 되었다. 대표작으로 〈칠인
의 사무라이(七人の侍)〉, 〈가게무샤(影武者) : 80년 칸느영화제
그랑프리수상〉, 〈숨겨진 요세의 세 악인(隠し砦の三悪人) : 59
년 베르린 영화제 은곰상수상〉〉 등이 있다.

●TV드라마

수많은 TV드라마 중에서도 특히 후지TV계열에서 월요일 오후 9시부터 방영되는
TV드라마는 月9(げつく、げっく), TBS에서 일요일 오후 9시부터 방영되는 TV드
라마(日曜劇場)는 「日9(にっく)」, 日本TV계열에서 토요일 오후 9시부터 방영되는
TV드라마는 「土9(ドック)」라 불리며 높은 시청률을 기록한 작품을 무수히 남겼다.
또한 오전에 방영되는 TV드라마 중에서도 NHK종합TV의 연속극은 인기가 있는
데, 특히 여배우의 등용문이라 불린다.
어린이 방송으로 30분 정도의 드라마도 1980년대까지는 비교적 많이 제작되었다.
현재는 NHK교육TV에서 도덕교육 드라마를 취학연령인 아동, 학생용 학교방송
과 『中学生日記』의 시간 범위로 방송하고 있다. 또한 테레비아사히에서는 일요일
아침 7시 반부터 8시 반까지 1시간을 'SUPER 히로 타임'이라 하고, 미취학아동을
주 타겟으로 한 소위 '특수촬영' 드라마를 방송하고 있다. 예전부터 계속되고 있는
TV드라마로는 NHK대하드라마가 있다. 역사물을 계속해서 매주 방송하는 것은
NHK뿐이고 다른 민간방송은 주로 트렌디 드라마를 방영하는 경향이 있다.

●2000년 이후 시청률이 높은 드라마 순위

[1位] HERO (2001/1) 평균: 32.3% 최고: 36.8%

[2位] ビューティフルライフ (2000/1) 평균: 31.8% 최고: 41.3%

[3位] GOOD LUCK!! (2003/1) 평균: 30.6% 최고: 37.6%

[4位] ごくせん2 (2005/1) 평균: 27.8% 최고: 32.5%

[5位] やまとなでしこ (2000/10) 평균: 26.4% 최고: 34.2%

[6位] プライド (2004/1) 평균: 24.9% 최고: 28.8%

[7位] 華麗なる一族 (2007/1) 평균: 24.3% 최고: 30.4%

[8位] オヤジ (2000/10) 평균: 24.2% 최고: 28.0%

[9位] 白い巨塔 (2003/10) 평균: 23.7% 최고: 32.1%

[10位] 西遊記 (2006/1) 평균: 23.0% 최고: 29.2%

[11位] ごくせん3 (2008/4) 평균: 22.5% 최고: 26.4%

[12位] エンジン (2005/4) 평균: 22.4% 최고: 25.3%

[13位] 空から降る一億の星 (2002/4) 평균: 22.3% 최고: 27.0%

第13課
だいじゅうさん か

この辺は 明るくて
にぎやかなところですね。
へん　あか

重要ポイント
じゅうよう

1. 〜くて／〜で　　2. 〜が／〜けど
3. 〜くも〜くもありません。／〜でも〜でもありません。
4. 〜くなる／〜になる
5. 〜し〜し　　6. 〜ですから

ダイアローグ単語

①

にぎやかな ところ
번화한 곳

②

どんな店
어떤 가게

③

だめ
좋지 않음
해서는 안 됨

④

カード
카드

⑤

ポイント
포인트

⑥

お得
이득, 이익, 유리함

⑦ 新宿 : 일본 도쿄에 있는 지명, 신주쿠

⑧ 辺 : 근처, 근방

⑨ ～ですから。: ～(니)까요.

⑩ ～けど : ～만(역접조사)

⑪ じゃ、: 그럼, 그러면

⑫ それじゃ : 그럼, 그러면

⑬ さらに : 더 한층, 보다 더, 더욱 더

ダイアローグ

チェ この辺は 明るくて にぎやかなところですね。

山田 ええ、新宿ですからね。

チェ どんな店が いいですか。

山田 安くて おいしい店です。

チェ ええと、じゃ……、あの店は どんな店ですか。

山田 雰囲気は いいけど、安くも おいしくも ありません。

チェ じゃ、だめですね。

それじゃ……、あ、あそこの店は どんな店でしたか。

山田 あそこは 安いし おいしいし、すてきで いい店でした。

あそこは このカードで さらに安くなるし、

ポイントも お得になります。

チェ じゃ、あそこが いいですね。

文法

1. 〜くて : 〜하고, 〜해서

い형용사의 '중지형'으로, 어미「い」를 떼고「〜くて」를 붙인다.

> 例 楽しい → 楽し<u>くて</u>

- ビビンバは やす<u>くて</u> おいしい。
- キムチは から<u>くて</u> 好きではありません。

2. 〜で : 〜하고, 〜해서

な형용사의 '중지형'으로, 어간에「〜で」를 붙인다.

> 例 きれいだ → きれい<u>で</u>

- この 辺は 静か<u>で</u> 交通が 便利です。
- この 辺は 静か<u>で</u> いいです。

3. 〜けど／〜が : 〜(지)만(역접조사)

앞 문장에서 예상되는 것과는 다른 내용이 이어질 때 사용한다. 「けれども」의 회화체.

> 例 難しい(です) + <u>けど／が</u>
>
>   まじめだ(です) + けど／が

- 日本語は 難しい(です)<u>けど／が</u>、おもしろいです。
- 金さんはまじめだ(です)<u>けど／が</u>、ハンサムではありません。

4. 〜くも 〜くも ありません : 〜(지)도 〜(지)도 않습니다.

い형용사의 정중부정표현인「〜くありません」에「も」가 붙어 두 문장 모두를 부정하는 표현.

> 例 寒い + くも + 暑い + くも ありません。

- 日本は 寒くも 暑くも ありません。
- 学校からは 近くも 遠くも ありません。

5. ～でも ～でもありません : ～(지)도 ～(지)도 않습니다.

な形容詞의 정중부정표현인「～ではありません」에「は」대신「も」가 붙어 두 문장 모두를
부정하는 표현.

例 好きだ ＋ でも ＋ 嫌いだ ＋ でもありません。
先生だ ＋ でも ＋ 学生だ ＋ でもありません。

・なっとうは 好きでも 嫌いでもありません。
・金さんは 先生でも 学生でもありません。

6. ～くなる / ～になる : ～이 되다/ ～(어)지다

なる는 '상태의 변화'를 나타내는 동사.

① 名詞／な形容詞 だ ＋ に ＋「なる」

例 先生だ → 先生になる。　・金さんは 日本語の先生に なりました。

例 まじめだ → まじめになる。　・金さんは 先週から まじめに なりました。

② い形容詞 い ＋ く ＋ なる

例 安い → 安くなる。

・日本のうどんが 安くなりました。
・子供が 大きくなりました。

7. ～し ～し : ～(하)고

두 문장을 연결할 때 쓰는 표현.
い形容詞 い ＋ し
名詞／な形容詞 ＋ だ ＋ し
・あの 店は 安いし おいしい。
・この 辺は 静かだし 交通も 便利だ。

文型練習

1 例のように練習をしてみましょう。 🎧 Track 68

> 例 学校の食堂／安い／おいしい
> → 学校の食堂は 安くて おいしいです。

① この家／古い／汚い

→ ＿＿＿＿＿＿＿＿＿＿＿＿＿＿＿＿＿＿＿＿＿＿。

② 日本の食べ物／おいしい／高い

→ ＿＿＿＿＿＿＿＿＿＿＿＿＿＿＿＿＿＿＿＿＿＿。

③ 京都／静かだ／きれいだ

→ ＿＿＿＿＿＿＿＿＿＿＿＿＿＿＿＿＿＿＿＿＿＿。

④ この携帯／軽い／便利だ

→ ＿＿＿＿＿＿＿＿＿＿＿＿＿＿＿＿＿＿＿＿＿＿。

⑤ 金さん／日本語の教師／まじめだ

→ ＿＿＿＿＿＿＿＿＿＿＿＿＿＿＿＿＿＿＿＿＿＿。

⑥ チーズケーキ／甘い／おいしい

→ ＿＿＿＿＿＿＿＿＿＿＿＿＿＿＿＿＿＿＿＿＿＿。

⑦ 野球選手／元気だ／かっこいい

→ ＿＿＿＿＿＿＿＿＿＿＿＿＿＿＿＿＿＿＿＿＿＿。

⑧ 田中さん／頭がいい／ハンサムだ

→ _____。

⑨ 彼女／きれいだ／優しい

→ _____。

⑩ モデル／スリム／かわいい

→ _____。

2 例のように練習をしてみましょう。 　🎧 Track 69

> 例　キムチ／辛い／おいしい
>
> → キムチは辛いですが(けど)、おいしいです。

① 日本語の勉強／難しい／おもしろい

→ _____。

② お風呂／きれいだ／狭い

→ _____。

③ 日本の交通／便利だ／高い

→ _____。

④ 日本の生活／楽しい／忙しい

→ _____。

⑤ この辺／静かだ／交通／不便

→ _____。

3 例のように練習をしてみましょう。 🔊 Track 70

例 この町／静かだ／交通／便利だ
→ この町は 静かだし、交通も 便利です。

① 日本語学校の先生／きれいだ／優しい

→ _____。

② 私の彼女／髪／長い／きれいだ

→ _____。

③ 私の彼女／美人だ／背／高い／最高だ

→ _____。

④ この温泉／景色／いい／値段／安い／気持ちもいい

→ _____。

⑤ この食堂／おいしい／安い／静かだ

→ _____。

⑥ 彼／まじめだ／顔／ハンサムだ

→ _____。

⑦ この図書館／静かだ／本／多い

→ _____。

4 例のように練習をしてみましょう。 Track 71

> 例 この店は どうですか。
> 安い／きれいな店
> → 安くてきれいな店です。

① 彼女は どんな人ですか。
美人だ／優しい人

→ ＿＿＿＿＿＿＿＿＿＿＿＿＿＿＿＿＿＿＿＿＿ 。

② 担任の先生は どんな先生ですか。
背が高い／親切な人

→ ＿＿＿＿＿＿＿＿＿＿＿＿＿＿＿＿＿＿＿＿＿ 。

③ 東京は どうですか。
親切だ／にぎやかな町

→ ＿＿＿＿＿＿＿＿＿＿＿＿＿＿＿＿＿＿＿＿＿ 。

④ あなたの町は どんな町ですか。
静かだ／有名な町

→ ＿＿＿＿＿＿＿＿＿＿＿＿＿＿＿＿＿＿＿＿＿ 。

⑤ キムチは どんな食べ物ですか。
おいしい／世界的な食べ物

→ ＿＿＿＿＿＿＿＿＿＿＿＿＿＿＿＿＿＿＿＿＿ 。

1 次の漢字の読み仮名を書きなさい。

1) 辺 : _____ 2) 明るい : _____

3) 風呂 : _____ 4) 生活 : _____

5) お得 : _____ 6) 美人 : _____

7) 景色 : _____ 8) 担任 : _____

2 下線に一番適当なものを一つ選びなさい。

1) あの店は_____、きれいな店です。

　　① やすいで　　　　② やすくだ　　　③ やすくて　　　④ やすくで

2) 金さんは日本語の教師_____、まじめです。

　　① と　　　　　　② だけど　　　③ くて　　　　④ で

3) この日本語学校は_____。

　　① きれくなかった　② きれいでした　③ きれいなです　④ きれいなでした

3 次の韓国語を日本語で書きなさい。

1) 이 주변은 밝고 번화한 곳이군요.

　_____。

2) 싸고 맛있는 가게입니다.

　_____。

3) 분위기는 좋습니다만, 싸지도 맛있지도 않습니다.

　_____。

4) 멋있고 좋은 가게입니다.

　_____。

5) 담임선생님은 어떤 사람입니까?

　_____。

1.　担任の先生はどんな人ですか。

2.　００さんの部屋はきれいですか。

3.　００さんは高校のとき、まじめでしたか。

4.　ソウルのどこが有名ですか。

5.　東京の人は親切でしたか。

聞き取り・書き取り練習 _{きとかとれんしゅう}　★ 잘 듣고 다음의 공란을 일본어로 채워 봅시다.　 Track 72

チェ	この辺は　　　　　　　　にぎやかな　　　　　　　ですね。
山田	ええ、新宿ですからね。
チェ	がいいですか。
山田	です。
チェ	ええと、じゃ……。あの店はどんな店ですか。
山田	雰囲気は　　　　　　　、安　　　おいし　　　　　　　　。
チェ	じゃ、だめですね。
	それじゃ……、あ、あそこの店はどんな店でしたか。
山田	あそこは安い　　　、おいしい　　　、すてき　　　いい店でした。
	あそこはこのカードでさらに　　　　　　　、
	ポイントも　　　　　　　。
チェ	じゃ、あそこがいいですね。

単語帳 _{たんごちょう}

子供(こども) 자식, 아이 ｜ 生活(せいかつ) 생활 ｜ 教師(きょうし) 교사 ｜ 性格(せいかく) 성격 ｜ 選手(せんしゅ) 선수 ｜ 美人(びじん) 미인 ｜ 頭(あたま) 머리 ｜ 景色(けしき) 경치 ｜ お風呂(ふろ) 목욕 ｜ 担任(たんにん) 담임

■ 応用単語と文型 _{おうようたんごぶんけい}

・高校(こうこう)のとき : 고등학교 때
・どこが有名(ゆうめい)ですか。 : 어디가 유명합니까.
・静(しず)かな人(ひと) : 조용한 사람
・活発(かっぱつ)な人(ひと) : 활발한 사람

・親切(しんせつ)な人(ひと) : 친절한 사람
・きれいな人(ひと) : 예쁜 사람
・まじめな人(ひと) : 성실한 사람
・正直(しょうじき)な人(ひと) : 정직한 사람
・勤勉(きんべん)な人(ひと) : 근면한 사람

日本文化 （にほんぶんか）

도쿄 이야기

세계 주요도시의 하나인 도쿄에는 신쥬쿠(新宿), 시부야(渋谷), 이케부쿠로(池袋), 하라쥬쿠(原宿) 등 번화가가 많다. 도쿄 사람들은 이 거리에서 여러 가지를 보고 듣고 새 정보를 얻는다.

최근에는 「六本木ヒルズ」라는 고층 오피스 빌딩, 호텔, 방송국, 영화관, 쇼핑몰, 주택가 등의 현대 주요 시설이 다 모여 있는 거리가 생겨나 화제가 되고 있다. 이곳에 가면 웬만한 것은 다 있는데다가 유명 디자이너가 손을 댄 건축물과 거리를 만끽할 수 있어 젊은 세대의 주요 데이트 코스가 되고 있다. 도쿄는 또 여러 나라의 문화를 손쉽게 맛볼 수 있는 도시이기도 하다. 10년 전부터 불붙기 시작한 이탈리아 요리 붐도 이제는 대중화되어 체인점만 해도 상당수에 달한다. 가격도 싸고 맛도 있어 인기 만점이다.

최근에는 서양요리뿐 아니라 베트남요리, 태국요리, 한국요리 등 아시아 요리도 꾸준히 인기를 끌어 가정에서 손수 만들어 먹는 사람들도 늘고 있다.

이밖에도 「漫画喫茶(まんがきっさ)」라는 새 명소가 생겨나 1시간에 300엔의 싼 가격으로 만화나 책뿐만 아니라 인터넷과 플레이스테이션 등의 TV게임과 DVD도 볼 수 있어 인기를 끌고 있다. 가라오케 붐이 식은 지금, 젊은 세대의 레저스포츠로 자리 잡고 있다. 더욱이 음식물을 가지고 들어갈 수도 있어서 일하다가 잠깐 쉬러 오는 샐러리맨도 많다고 한다.

도쿄는 '최첨단의 거리'란 이미지가 있지만 옛날 그대로의 거리가 남아 있는 곳도 많다. 약간 지대가 높은 지역에 있는 도쿄의 중심지역을 「山の手(やまのて)」라고 하고 그 아래 주변 지역을 「下町(したまち)」라고 부르는데 下町에는 아직도 옛 일본 모습이 그대로 남아 있다. 浅草(あさくさ)가 그 대표적인 곳이라 할 수 있는데 몇 십 년이나 계속되어 온 「おせんべい」가게와 전통 기모노인 「はっぴ」, 그리고 「ちょうちん」이라고 하는 종이로 만든 등을 파는 가게가 줄지어 있어 빠듯한 생활에서 벗어나 이곳을 찾으면 왠지 편안한 느낌을 받는 거리이다. 이와 같이 도쿄에서는 '옛것'과 '새것', '일본'과 '외국'을 동시에 맛볼 수 있다. 이들은 서로 공존하면서 차별성을 부각시켜 준다. 다시 말해 도쿄는 조화를 이룬 도시이기도 하다.

ビールは どこにありますか。

じゅうよう
重要ポイント

1. ～が あります。
2. ～に ～が あります。
3. ～だけ

ダイアローグ単語

①
ビール
맥주

②
冷蔵庫（れいぞうこ）
냉장고

③
〜の中（なか）
〜의 안(속)

④
あれ(あら／あれえ)
어, 아니, 어머나 놀라거나 이
상하거나 할 때 내는 소리

⑤
テーブル
테이블

⑥
右（みぎ）
오른쪽

⑦
たな
선반

⑧
一番（いちばん）
제일, 가장

⑨
下（した）
아래

⑩
左（ひだり）
왼쪽

⑪
奥（おく）
속, 깊숙한 안쪽

⑫ **ありますか**：있습니까?

⑬ **〜だけ**：〜만

⑭ **〜のは**：〜것은

⑮ **段**（だん）：단

146

ダイアローグ

 Track 73

林　ビールはどこにありますか。

イー　冷蔵庫の中にあります。

林　あれ、ひとつだけですね。

イー　冷たくないのは テーブルの 右の たなの 中にあります。

林　ええと、どこですか。

イー　一番下の 段です。

林　ええと……。

イー　左の 奥です。

林　ああ、ありました。

文法

1. あります(存在動詞) : 있습니다

무생물(無生物), 식물(植物)의 존재를 표현할 때 사용.

あります의 活用

		普通体	
		日本語	韓国語
現在形	肯定	あります	있습니다
	否定	ありません	없습니다
過去形	肯定	ありました	있었습니다
	否定	ありませんでした	없었습니다

> **例** 名詞 + が(に) + あります。

- ビールが あります。
- 本屋は 図書館の すぐ 隣に あります。

2. 場所(장소) + に + 名詞 + が あります。

～に(～에)는 존재를 나타내는 장소에 쓰인다.

- ロッテホテルは どこに ありますか。
- ジュースは 冷蔵庫の 中に あります。

3. ～だけ : ～만(뿐)

'그것 외에는 없다'로, 한정을 나타내는 표현.

- 私には あなただけです。
- 学校には 先生だけです。

4. ～のは／～のも／～のが : ～것은, ～것도, ～것이

조사 「～の」에는 '～의'란 의미의 소유를 나타내는 용법도 있지만, '～것'이라는 뜻의 명사에 준하는 용법도 있다.

- この ケーキは 私のです。
- あなたのは それです。
- 先生のも あります。
- この中で 先生のが 一番 高いです。

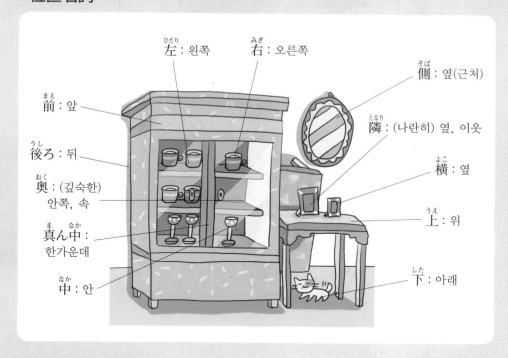

チップ

位置名詞

左 : 왼쪽
右 : 오른쪽
側 : 옆(근처)
前 : 앞
隣 : (나란히) 옆, 이웃
後ろ : 뒤
奥 : (깊숙한) 안쪽, 속
横 : 옆
真ん中 : 한가운데
上 : 위
中 : 안
下 : 아래

北 : 북
西 : 서
東 : 동
南 : 남

文型練習

1 次の絵を見て、例のように言ってみましょう。

例 A：テーブルの上に 何が ありますか。

B：りんごや コップなどが あります。

A：タバコは どこに ありますか。

B：本棚の 二番目の段に あります。

2 絵を見ながら言ってみましょう。

① 郵便局の＿＿に ＿＿＿＿が あります。

② 交番は ＿＿＿＿の＿＿に あります。

③ コンビニは ＿＿＿＿の＿＿に あります。

④ 学校は ＿＿＿＿＿の＿＿＿に あります。

⑤ コンビニの＿＿に ＿＿＿＿が あります。

⑥ パン屋は ＿＿＿＿の＿＿です。

⑦ 花屋は ＿＿＿＿＿の＿＿に あります。

⑧ デパートは ＿＿＿＿の＿＿＿＿に あります。

1 次の漢字の読み仮名を書きなさい。

1) 冷蔵庫 : _____　　2) 中 : _____

3) 冷たい : _____　　4) 奥 : _____

5) 下 : _____　　6) 段 : _____

2 下線に一番適当なものを一つ選びなさい。

1) テーブル_____上にリンゴがあります。

　① も　　　　② に　　　　③ の　　　　④ を

2) 花屋はデパートの前_____あります。

　① が　　　　② に　　　　③ から　　　　④ で

3) 本棚の上に何_____ありますか。

　① も　　　　② と　　　　③ で　　　　④ が

3 次の韓国語を日本語で書きなさい。

1) 맥주는 어디에 있습니까?

　_____。

2) 냉장고 안에 있습니다.

　_____。

3) 맨 아래 칸에 있습니다.

　_____。

4) 다나카씨 방에는 텔레비전이 있습니까?

　_____。

5) 편의점 뒤에 꽃가게가 있습니다.

　_____。

1. ○○さんの部屋には何がありますか。

2. この教室には何がありますか。

3. ○○さんはホームページがありますか。

4. この部屋にあるのは何ですか。

5. ○○さんのかばんの中には何がありますか。

 聞き取り・書き取り練習 き と か と れんしゅう

★ 잘 듣고 다음의 공란을 일본어로 채워 봅시다.   Track 74

林	ビールはどこに＿＿＿＿＿＿＿＿。
イ	冷蔵庫の＿＿＿＿＿＿あります。
林	あれ、ひとつ＿＿＿＿＿ですね。
イ	冷たくない＿＿＿＿テーブルの＿＿＿＿＿＿＿あります。
林	ええと、＿＿＿＿＿ですか。
イ	一番＿＿＿です。
林	ええと……。
イ	左の＿＿＿です。
林	ああ、＿＿＿＿＿＿。

単語帳 たん ご ちょう

コップ 컵 | オレンジジュース 오렌지주스 | お菓子(かし) 과자 | ボール 볼(공) | ゴミ箱(ばこ) 쓰레기통 | クッション 쿠션 | 服(ふく) 옷 | カーテン 커튼 | 窓(まど) 창문 | 靴下(くつした) 양말 | ぬいぐるみ 봉제인형/ 人形(にんぎょう) 인형 | ソファー 소파 | カレンダー 달력 | 雑誌(ざっし) 잡지 | タバコ 담배 | 灰皿(はいざら) 재떨이 | 鏡(かがみ) 거울 | 郵便局(ゆうびんきょく) 우체국 | 交番(こうばん) 지역 지구대(구, 파출소) | パン屋(や) 빵집 | 花屋(はなや) 꽃가게 | 本棚(ほんだな) 책장

■ **応用単語と文型** おうようたん ご ぶんけい

• あるのは : ~있는 것은
  – 동사 + のは : ~(것)은
  – 日本語(にほんご)で書(か)く
    のは簡単(かんたん)です。

日本文化
に ほん ぶん か

일본 술*맥주

일본에서 인기 있는 주류로는 다음과 같은 것들이 있다. 위스키, 스카치, 버본, 카나디안, 아이릿슈, 럼주, 카샷사, 브랜디, 꼬냑, 소주, 양조주, 맥주(아시히, 기린), 발포주(発泡酒), 과실주, 와인, 샴페인, 발포와인, 일본술, 탁주, 미림, 리큐르, 츄하이, 매실주, 카테일……

최근에는 주스와 혼동하는 것을 방지하기 위해 과즙을 배합한 츄하이나 카테일 등의 용기 전면에 '술(お酒)'이라고 표기하거나 눈이 안 보이는 사람들을 배려해서 캔맥주나 츄하이 위부분에 점자로 '술(おさけ)'등의 표기를 하도록 되어 있다.

일본사람들은 예부터 '술과 좋은 관계 맺는 방법'을 생각해 온 국민이기도 한데, '음주의 10덕'으로 다음과 같은 것이 있다.

1. 예를 세우고,
2. 피로를 풀고,
3. 걱정 근심을 잊고,
4. 울적함을 풀고,
5. 기분을 전환하고,
6. 병을 피하고,
7. 독을 해소하고,
8. 남과 친해지고,
9. 인연을 맺고,
10. 수명을 연장한다.

또한 무로마치(室町)시대에 생겼다는 '주도(酒道)'의 기본정신은 '취함을 목적으로 하지 말 것. 술을 더욱 우아하고 멋진 것으로 할 것'으로 정하고 있다. 술을 좋은 벗으로 삼아 생활에 윤택함을 주기 위한 선인들의 눈에는 과음과 폭음의 문제는 틀림없이 개탄하여 마지않는 일로 비쳐졌을 것이다.

15

第15課
だいじゅうごか

妹さんはいますか。
いもうと

重要ポイント
じゅうよう

1. 〜が います。
2. 〜しか + 否定形
   ひていけい
3. 何人家族ですか。
   なんにんかぞく

①

家族
가족

② 5人
다섯 명

③

父
아빠

④

母
엄마

⑤ 姉
언니, 누나

⑥ 弟
남동생

⑦

写真
사진

⑧ デジカメ
디지털 카메라

⑨

お母さん似
어머니를 닮음

⑩

両親
양친(부모님)

⑪ 何人 : 몇 명

⑫ います : 있습니다

⑬ いませんか : 없습니까?

⑭ 〜しか : 〜밖에 (없다)

156

林 チェさんは 何人家族ですか。

チェ 5人家族です。父と母と姉と弟が います。

林 妹さんは いませんか。

チェ 妹は いません。

林 写真は ありませんか。

チェ デジカメの写真しか ありません。

これが 私の 家族の写真です。

林 すてきな家族ですね。

チェ 私の前が 弟で、隣が 姉、後ろが 両親です。

林 チェさんは お母さん似ですね。

チェ そうですか。

1. います(存在動詞) : 있습니다

생물(生物), 즉 사람이나 동물의 존재를 표현할 때 사용.

います의 活用

		丁寧体	
		日本語	韓国語
現在形	肯定	います	있습니다
	否定	いません	없습니다
過去形	肯定	いました	있었습니다
	否定	いませんでした	없었습니다

例 名詞 + が(に) + います。

- 部屋に 犬が います。
- 中村さんは どこに いますか。
- 先生は 学校に います。

2. ～しか : ～밖에 (없다)

だけ(～만)와 마찬가지로 '한정 표현'인데, 「～しか」는 부정어와 함께 사용한다.

- 一万円しか ありません。

3. 何人家族ですか。

- 사람을 세는 단위

ひとり 一人	ふたり 二人	さんにん 三人	よにん 四人	ごにん 五人	ろくにん 六人	ななにん／しちにん 七人／七人
はちにん 八人	きゅうにん 九人	じゅうにん 十人	じゅういちにん 十一人	じゅうににん 十二人	にじゅうにん 二十人	なんにん 何人

❶ 家族(かぞく) 호칭

일본어의경어 체계는 한국어와 다르다. 그래서 가족에 대한 호칭도 남의 가족을 부를 때와 자기 가족을 부를 때 다르게 쓰인다.

타인에게 가족(자기)을 말할 때	한국어	타인의 가족을 말할 때
父(ちち)	아버지	お父(とう)さん
母(はは)	어머니	お母(かあ)さん
姉(あね)	누나/언니	お姉(ねえ)さん
兄(あに)	오빠/형	お兄(にい)さん
弟(おとうと)	남동생	弟(おとうと)さん
妹(いもうと)	여동생	妹(いもうと)さん
息子(むすこ)	아들	息子(むすこ)さん
娘(むすめ)	딸	娘(むすめ)さん／お嬢(じょう)さん

例 金(きん)さんは お兄(にい)さんが いますか。

　　はい、兄(あに)が 一人(ひとり)います。

❷ 조수사(동물이나 새를 세는 단위)

작은 동물 (생선, 개 따위) 何匹(なんびき) (몇 마리)	いっぴき 一匹	にひき 二匹	さんびき 三匹	よんひき 四匹	ごひき 五匹
	ろっぴき 六匹	ななひき 七匹	はっぴき 八匹	きゅうひき 九匹	じっぴき 十匹
큰 동물 (말/소) 何頭(なんとう) (몇 마리)	いっとう 一頭	にとう 二頭	さんとう 三頭	よんとう 四頭	ごとう 五頭
	ろくとう 六頭	しち ななとう 七・七頭	はっとう 八頭	きゅうとう 九頭	じっとう 十頭
새를 세는 단위 何羽(なんば) (몇 마리)	いちわ 一羽	にわ 二羽	さんば 三羽	よんわ 四羽	ごわ 五羽
	ろっぱ 六羽	ななわ 七羽	はちわ／はっぱ 八羽／八羽	きゅうわ 九羽	じっぱ 十羽

文型練習
ぶん けい れん しゅう

1 家族写真を見ながら、例のように言ってみましょう。
か ぞくじゃしん み れい い

ちち　そぼ　はは

あに

中田(私)

いもうと

私の家族です。
わたし か ぞく

どこに誰がいますか。
だれ

例

一番後ろの左には誰がいますか。
いちばんうし ひだり だれ

→ 父が います。
ちち

① 何人家族ですか。
なんにん か ぞく

→ _____。

② お母さんは 誰の 隣ですか。
かあ だれ となり

→ _____。

③ お兄さんは どこに いますか。
にい

→ _____。

④ 猫は どこに いますか。
ねこ

→ _____。

⑤ 犬は どこに いますか。
いぬ

→ _____。

2 例のように練習をしてみましょう。 Track 76

例

教室／先生二人／学生三人

→ 教室には 誰と 誰が いますか。

→ 先生二人と 学生 三人がいます。

① 家／金さん

→ ＿＿＿＿＿には＿＿＿＿＿が＿＿＿＿＿か。

→ ＿＿＿＿＿＿＿＿＿が＿＿＿＿＿。

② 温泉の中／猿 二匹

→ ＿＿＿＿＿には＿＿＿＿＿が＿＿＿＿＿か。

→ ＿＿＿＿＿＿＿＿＿が＿＿＿＿＿。

③ 部屋／女性二人

→ ＿＿＿＿＿には＿＿＿＿＿が＿＿＿＿＿か。

→ ＿＿＿＿＿＿＿＿＿が＿＿＿＿＿。

④ 写真／母、父、子供

→ ＿＿＿＿＿には＿＿＿＿＿が＿＿＿＿＿か。

→ ＿＿＿＿、＿＿＿＿、＿＿＿が＿＿＿＿＿。

⑤ 教室／ 誰／いる

→ ＿＿＿＿＿には＿＿＿＿＿が＿＿＿＿＿か。

→ ＿＿＿＿＿＿＿も＿＿＿＿＿＿＿。

1 次の漢字の読み仮名を書きなさい。
つぎ かんじ よ がな か

1) 家族 ： _____   2) 妹 ： _____

3) 写真 ： _____   4) 両親 ： _____

2 下線に一番適当なものを一つ選びなさい。
かせん いちばんてきとう ひと えら

1) 父_____母_____姉_____弟_____います
   ちち   はは   あね   おとうと
   ① も／と   ② に／が   ③ や／に   ④ と／が

2) 温泉の 中には さるが_____。
   おんせん なか
   ① います   ② あります   ③ いります   ④ ありません

3) 教室の 中には 誰_____いません。
   きょうしつ なか だれ
   ① も   ② と   ③ で   ④ が

3 次の韓国語を日本語で書きなさい。
つぎ かんこくご にほんご か

1) 최씨는 가족이 몇 명입니까?

   _____。

2) 사진은 없습니까?

   _____。

3) 디지털 카메라 사진밖에 없습니다.

   _____。

4) 개는 없지만 고양이는 있습니다.

   _____。

5) 최씨는 엄마를 닮았네요.

   _____。

1. OOさんの ご家族は 何人ですか。

2. この教室には 何人いますか。

3. OOさんの 家には 犬や猫などが いますか。

4. OOさんの 左には 誰がいますか。

5. ご両親は今、どこに いますか。（一緒に住んでいますか。）

聞き取り・書き取り練習 ★ 잘 듣고 다음의 공란을 일본어로 채워 봅시다. Track 77

林	チェさんは　　　　　　　　　　です か。
チェ	5人家族です。　　　　　と　　　　と　　　　と
	が います。
林	妹さんは　　　　　　　　　　。
チェ	妹は いません。
林	写真は　　　　　　　　　。
チェ	デジカメの写真　　　　ありません。
	これが 私の家族の写真です。
林	です ね。
チェ	私の前が 弟で、　　　　が姉、　　　　が両親です。
林	チェさんは　　　　　　　　　。
チェ	そうですか。

単語帳

犬(いぬ) 개 | 猫(ねこ) 고양이 | 猿(さる) 원숭이 | 女性(じょせい) 여성 ↔ 男性(だんせい) 남성 | 女(おんな) 여자 ↔ 男(おとこ) 남자

■ 応用単語と文型

・〜や〜など：〜랑 〜등
・一緒(いっしょ)に：함께
・住(す)んでいますか：살고 있습니까?

J-pop

J-POP이란 말은 라디오방송국 J-WAVE에서 1988년 말에 탄생시킨 조어이다. 이 명칭은 메스미디어 상 카테고리의 하나로 탄생하여 이에 부합되는 음악을 공급자 쪽이 분류하고 있다는 점에서 그람, 펑크, 그란지, 얼터너티브, 락, 힙합 등 다른 음악장르와는 다른 큰 특징이라고 할 수 있다.

J-POP이란 말이 탄생한 1988년 당시에는 수입음반 CD 등을 취급하는 점포에서 국내가요 코너를 설치하는 데에서만 이 말을 사용하였고, 일반적으로 보급되었다고 할 형편은 안 되었다. 일반적으로 사용되어 정착되기까지는 1993년부터 1996년경에 걸쳐서 일정시간이 필요했던 것이다.

1982년에 등장한 콤팩트디스크와 그 재생장치의 폭발적인 보급에 의해 음악시장이 일거에 확대되고 매출은 급성장세를 이어가면서 1991년 초에 4천억 엔대, 1993년에 5천억 엔, 1998년에는 6천74억9천4백만 엔까지 사상 최고를 갱신해 나갔다. 생산량도 1991년에 3억장을 돌파, 1993년 4억장을 돌파하는 등 성장세를 지속하는 가운데 개인으로서도 1977년에 阿久悠(あくゆう)가 기록한 1172만 9천 장의 발매기록을 1993년에 ZARD의 '지지 말아다오'(負けないで)를 작곡한 織田哲郎(おだてつろう)가 16년만에 갱신했다.

J-POP이란 말은 이때부터 마침내 일반 잡지 등에도 등장하게 되어 일반 서민들에게도 이들 매체들을 통해 서서히 침투하게 되었다. CD를 비롯한 디지털 기술은 음악제작 현장에 있어서도 혁명적인 변화를 불러왔다. 디지털 기술에 의한 음악 제작은 사람, 시간, 예산의 대폭적인 삭감을 가능하게 하고 악곡의 대량생산이 가능해졌다. 이러한 기술에 빠르게 주목하여 실제로 성공을 거둔 뮤지션으로서 小室哲哉(こむろてつや)가 있다.

이런 제작환경의 변화에 따르는 대량생산에 의한 음악제작은 확실히 밀리언 히트가 출현할 확률은 높지만, 개성이 사라지고 품질이 떨어지는 등 음악이 소모품으로서 취급된다는 비판의 목소리도 나타나고 있다. 당시 소니뮤직엔터테인먼트의 坂本通夫(さかもとみちお)는 1991년을 음악업계의 전환점으로서 '음악이 작품에서 상품으로 바뀐 시기'라고 말하고 있다.

16

第16課
だいじゅうろっか

明日、友達と横浜へ行きます。
あした　ともだち　よこはま　い

重要ポイント
じゅうよう

1. 動詞の種類
   どうし　しゅるい
2. 動詞の「ます形」
   どうし　けい
3. 動詞 ＋ 名詞
   どうし　めいし
4. 〜で（手段助詞）
   しゅだんじょし

ダイアローグ単語_{たんご}

①

一緒_{いっしょ}に
함께

②

何_{なに}で
무엇으로

③

電車_{でんしゃ}
전철

④

飲_のむ
마시다

⑤

いただきます
잘 먹겠습니다.

⑥ 横浜_{よこはま} : 일본 지명. 요코하마

⑦ ～へ : ～로(방향조사)

⑧ 行_いきます : 갑니다

⑨ 行_いきませんか : 가지 않겠습니까?

⑩ 行_いく人_{ひと} : 가는 사람, 갈 사람

⑪ どなた : 어느 분

⑫ 僕_{ぼく} : 나

⑬ 詳_{くわ}しくは : 상세한 것은, 자세한 것은
　　詳(くわ)しい : 자세하다, 상세하다

⑭ 後_{あと}で : 나중에

⑮ します : 합니다.

⑯ お礼_{れい} : 「礼(れい)」의 공손한 말, 사례, 인사(선물)

⑰ ～でも : ～라도

チェ　明日、友達と 横浜へ 行きます。
　　　林さんも いっしょに 行きませんか。

林　そうですね。どなた。 いっしょに 行く人は。

チェ　山田さんです。

林　何で 行きますか。

チェ　電車で行きます。いかがですか。

林　じゃ、ぼくも行きます。

チェ　詳しくは あとで 電話します。

林　おれいに これでも 飲みませんか。

チェ　あ、ありがとうございます。いただきます。

1. 動詞の種類

1) 1グループ 「u動사(5段動詞)」

기본형이 「う·く(ぐ)·す·つ·ぬ·ぶ·む·る」, 즉 「う단」으로 끝난다. 「ru동사」와 「불규칙동사」
를 제외한 모든 동사를 말한다.

語幹	語尾	韓国語
言	あ	말하다
	い	
	う	
	え	
	お	

語幹	語尾	韓国語
書	か	쓰다
	き	
	く	
	け	
	こ	

語幹	語尾	韓国語
急	が	서두르다
	ぎ	
	ぐ	
	げ	
	ご	

語幹	語尾	韓国語
話	さ	이야기하다
	し	
	す	
	せ	
	そ	

語幹	語尾	韓国語
持	た	가지다
	ち	
	つ	
	て	
	と	

語幹	語尾	韓国語
死	な	죽다
	に	
	ぬ	
	ね	
	の	

語幹	語尾	韓国語
遊	ば	놀다
	び	
	ぶ	
	べ	
	ぼ	

語幹	語尾	韓国語
休	ま	쉬다
	み	
	む	
	め	
	も	

語幹	語尾	韓国語
乗	ら	타다
	り	
	る	
	れ	
	ろ	

2) ２グループ 「ru동사(上・下１段動詞)」

기본형이 「る」로 끝나고 그 바로 앞에 오는 음이 「い단」이거나 「え단」인 동사.

語幹	語尾	韓国語
あ		
い		
う	る	있다
え		
お		

語幹	語尾	韓国語
ま		
見		
む	る	보다
め		
も		

語幹	語尾	韓国語
な		
に		
ぬ	る	자다
寝		
の		

語幹		語尾	韓国語
か	か		
	き		
	く	る	걸다
	け		
	こ		

語幹		語尾	韓国語
起	か		
	き		
	く	る	일어나다
	け		
	こ		

語幹		語尾	韓国語
教	あ		
	い		
	う	る	가르치다
	え		
	お		

3) ３グループ 「불규칙 동사」

「する」와 「来る」 두 개밖에 없다.

語幹	語尾	韓国語
す	る	하다

語幹	語尾	韓国語
来	る	오다

■주의

기본형이 「る」로 끝나더라도 「る」 바로 앞의 음이 「い」단이나 「え」단이 아닌 「あ단, う단, お단」인 경우는 「1 グループ(u동사)」이다.

語幹 ご かん	語尾 ご び	韓国語 かんこくご
こ	ま	
	み	
	む	る
	め	
	も	

곤란
하다

語幹 ご かん	語尾 ご び	韓国語 かんこくご
	あ	
	い	
売 う	う	る
	え	
	お	

팔다

語幹 ご かん	語尾 ご び	韓国語 かんこくご
も	だ	
	ぢ	
	づ	る
	で	
	ど	

돌아
오다

4) 예외동사

형태는 「ru동사」이지만 활용은 「u동사(5단 동사)」 활용을 하는 동사를 말한다.

入る : 들어가다   帰る : 돌아가다   走る : 달리다   知る : 알다

切る : 자르다   要る : 필요하다

2. ます形
けい

「〜ㅂ니다, 〜(하)겠습니다」 – 동사의 정중형(연용형)
현재형, 미래형, 의지형을 나타낸다.

1) 1 グループ 「u동사(5段動詞)」
だんどうし

어미 「う」단을 같은 행의 「い」단으로 바꾸고 「ます」를 붙인다.

会 あ	あ	
	い	ます
	う	
	え	
	お	

만나다 → 만납니다

書 か	か	
	き	ます
	く	
	け	
	こ	

쓰다 → 씁니다

急 いそ	が	
	ぎ	ます
	ぐ	
	げ	
	ご	

서두르다 → 서두릅니다

持(も)	た	
	ち	ます
	つ	
	て	
	と	

가지다 → 가집니다

死(し)	な	
	に	ます
	ぬ	
	ね	
	の	

죽다 → 죽습니다

遊(あそ)	ば	
	び	ます
	ぶ	
	べ	
	ご	

놀다 → 놉니다

休(やす)	ま	
	み	ます
	む	
	め	
	も	

쉬다 → 쉽니다

乗(の)	ら	
	り	ます
	る	
	れ	
	ろ	

타다 → 탑니다

話(はな)	さ	
	し	ます
	す	
	せ	
	そ	

이야기하다 → 이야기합니다

2) 2グループ「ru動詞(上・下1段動詞)」

어미「る」를 지우고「ます」를 붙인다.

語幹(ごかん)	語尾(ごび)	+
居(い)	る	ます

있다 → 있습니다

語幹(ごかん)	語尾(ごび)	+
着(き)	る	ます

입다 → 입습니다

語幹(ごかん)	語尾(ごび)	+
見(み)	る	ます

보다 → 봅니다

語幹(ごかん)	語尾(ごび)	+
食(た)べ	る	ます

먹다 → 먹습니다

語幹(ごかん)	語尾(ごび)	+
寝(ね)	る	ます

자다 → 잡니다

語幹(ごかん)	語尾(ごび)	+
起(お)き	る	ます

일어나다 → 일어납니다

3) 3グループ「불규칙 동사」

「する」는「し」로,「くる」는「き」로 바뀌고「ます」로 붙는다.

する	します	하다 → 합니다
くる	きます	오다 → 옵니다

4) 예외동사

語幹	語尾	＋
入(はい)	る	ます
	り	
들어가다 → 들어갑니다		

語幹	語尾	＋
帰(かえ)	る	ます
	り	
돌아가다 → 돌아갑니다		

3. ます·ません ＋ ～か

	現在形(げんざいけい)	韓国語(かんこくご)	疑問形(ぎもんけい)	韓国語(かんこくご)
肯定(こうてい)	～ます	～ㅂ니다/ ～(하)겠습니다.	か	까?
否定(ひてい)	～ません	～(하)지 않습니다.		

「～ませんか : ～지 않겠습니까?」라고 제안하는 뜻을 나타낸다.

- 明日(あした)は 会社(かいしゃ)へ 行(い)きません。
- 一緒(いっしょ)に 食(た)べませんか。

4. 動詞(どうし)의 辞書形(じしょけい) ＋ 名詞(めいし)

동사 사전형(기본형)은 명사를 수식하는 용법으로도 사용한다.

- 書(か)く 人(ひと)
- 食(た)べる パン
- 読(よ)む 本(ほん)

5. ～で(行く)

「～で」는 수단을 나타내는 조사로 「～(으)로」란 의미이다.

- バスで 行く。
- フォークで 食べる。

다음 문형을 연습해 보세요.

부정칭	조사	동사	명사	조사	동사
何 무엇	を 을 를	読みますか。	ざっし	を を を	読みます。
		食べますか。	ごはん		食べます。
		飲みますか。	コーラ		飲みます。
		しますか。	テニス		します。
	に 으로 을	しますか。	ビール	に 로 에	します。
		乗りますか。	バス		乗ります。
何／何 무엇	で 으로	行きますか。	バス	로 で 에서	行きます。
どこ 어디	で 서	会いますか。	デパート		会います。
		待ちますか。	学校		待ちます。
	へ に	行きますか。	トイレ	へ に	行きます。

173

文型練習

1 朝の様子を見ながら言ってみましょう。

何時に 몇 시에

朝、 起きる。 아침에 일어나다.

シャワーを あびる。 샤워를 하다.

新聞を 読む。 신문을 읽(보)다.

パンを 食べる。 빵을 먹다.

地下鉄に 乗る。 지하철을 타다.

学校へ 行く。 학교에 가다.

2 昼の様子を見ながら言ってみましょう。

昼ご飯を 食べる。점심을 먹다.

買い物を する。쇼핑을 하다.

ゲームを する。게임을 하다.

家に 帰る。집에 돌아가다.

3 夕方の様子を見ながら言ってみましょう。

晩ご飯を 食べる。저녁을 먹다.

テレビを 見る。TV를 보다.

勉強を する。공부를 하다.

本を 読む。책을 읽다.

夜、早く 寝る。밤에 일찍 자다.

チェ　明日、友達　　　　　横浜へ　　　　　　　　　。
　　　林さんもいっしょに　　　　　　　　　　　。

林　　そうですね。どなた。いっしょに　　　　　　　　は。

チェ　山田さんです。

林　　　　　　　　　　行きますか。

チェ　電車　　　　行きます。いかがですか。

林　　じゃ、ぼくも行きます。

チェ　　　　　　　　　あとで電話　　　　　　　。

林　　おれいにこれでも　　　　　ませんか。

チェ　あ、ありがとうございます。　　　　　　　　　。

単語帳(たんごちょう)

いる 있다 | 見(み)る 보다 | 寝(ね)る 자다 | かける 걸다 | 起(お)きる 일어나다 | 教(おし)える 가르치다 | する 하다 | 来(く)る 오다 | 言(い)う 말하다 | 書(か)く 쓰다 | 急(いそ)ぐ 서두르다 | 話(はな)す 이야기하다 | 持(も)つ 들다, 가지다 | 死(し)ぬ 죽다 | 遊(あそ)ぶ 놀다 | 休(やす)む 쉬다 | 乗(の)る 타다 | 売(う)る 팔다 | 入(はい)る 들어가다 | 帰(かえ)る 돌아가다 | 走(はし)る 달리다 | 知(し)る 알다 | 切(き)る 자르다 | 要(い)る 필요하다 | 会(あ)う 만나다 | 着(き)る 입다 | 食(た)べる 먹다 | 行(い)く 가다 | 読(よ)む 읽다 | 飲(の)む 마시다 | 浴(あ)びる 뒤집어쓰다

応用単語(おうようたんご)と文型(ぶんけい)

- 早(はや)く : 빨리
- 夜(よる) : 밤
- 晩御飯(ばんごはん) : 저녁식사
- 買(か)い物(もの) : 쇼핑
- 新聞(しんぶん) : 신문
- シャワー : 샤워
- デパート : 백화점
- コーラ : 콜라
- ご飯(はん) : 밥
- 雑誌(ざっし) : 잡지

日本文化
<ruby>日<rt>に</rt></ruby><ruby>本<rt>ほん</rt></ruby><ruby>文<rt>ぶん</rt></ruby><ruby>化<rt>か</rt></ruby>

일본의 교통

일본의 교통기관은 놀랄 정도로 발달되어 있다. 'JR'(Japan Railway) 철도망은 일본 국내 어디든 연결되어 있다. 또한 사철(私鉄 : 민간 철도회사, 전철)노선도 대도시권을 중심으로 발달되어 있다. 이밖에도 전국 어디를 가나 버스노선이 치밀하게 연결되어 있으며 도쿄 등 대도시에는 지하철도 잘 되어 있다. 무엇보다도 운행시각이 정확하여 버스도 시간표대로 탈 수 있다. 그러나 문제는 운임이 너무 비싸다는 것이다.

● 철도 · 전철 · 지하철

대도시 근교에는 'JR'노선뿐 아니라 사철노선을 포함하여 철도 전철망이 발달되어 있으며, 사철은 터미널 역에서 'JR'선과 연결되어 통근이나 통학 수단으로서 많은 시민들의 '발'노릇을 하고 있다. 전철의 속도나 정차역 수에 따라서 각역 정차, 준급(準急 준급행), 급행, 통근쾌속, 특급 등의 종류가 있다.
대도시권의 귀중한 교통수단으로서 잊어서는 안 될 것이 지하철이다. 지하철은 도쿄 이외에 오사카, 고베, 나고야, 요코하마, 교토, 삿포로, 센다이, 후쿠오카 등에 있다.

● JR신칸센

신칸센은 주요 도시 간을 고속으로 달리는데, 일본이 자랑하는 기간 철도이다. 많은 사람들이 비즈니스나 여행의 이동수단으로 이용하고 있다. 단, 가격이 너무 비싸 도쿄에서 오사카까지(약550킬로미터, 서울-부산보다 약간 멈) 편도 약 15000엔 정도 든다.

●버스

철도 등이 다니지 않는 지역을 커버하는 것이 버스이다. 요금은 노선 내 균일요금의 경우와 주행거리에 따라 가산되는 경우가 있어 지역에 따라 각기 다르나 최단거리가 200엔 이상 들며 구간이 멀어지면 더 올라간다.

●택시

택시는 크기에 따라서 대형 중형 소형으로 나뉘어 있어 승차할 수 있는 사람 수가 다르다. 택시 문은 자동으로 열리므로 손님이 열 필요는 없다. 서비스도 만점이다. 하지만 요금이 너무 비싼 것이 흠이다. 기본요금(2Km까지)은 지역마다 다르지만 도쿄의 경우는 660엔이다. 요금을 내면 반드시 영수증을 건네준다. 단, 혼자서 탈 때는 반드시 뒷자리에 앉는 게 좋다. 앞자리에 앉고 싶다고 해서 운전사를 곤란하게 만들지 않도록 주의해야 한다.

第17課
だいじゅうなな か

週末にどこか行きましたか。
しゅうまつ　　　　　　　　　い

重要ポイント
じゅうよう

動詞の「ます形の過去」
どうし　　　　けい　かこ

ダイアローグ単語

①

箱根温泉
하코네 온천

②

たまご
계란

③

ろてん温泉
노천온천

④

びっくりする
깜짝 놀라다.

⑤

小田急線のロマンスカー
오다큐선의 로맨스 카

⑥ どこか : 어딘가

⑦ 意外 : 의외

⑧ 近く : 근처

⑨ どうやって : 어떻게

ダイアローグ

 Track 80

林 チェさん、週末に どこか 行きましたか。

チェ 温泉に 行きました。

林 どこの温泉ですか。

チェ 箱根温泉です。ここから 意外と 近くにあります。

林 箱根で 温泉たまごを 食べましたか。

チェ はい、食べました。
外が 黒くて びっくりしましたが、おいしかったです。

林 どうやって 行きましたか。

チェ 新宿から 小田急線のロマンスカーに 乗りました。

林 ろてん温泉に 入りましたか。

チェ え、ろてん温泉ですか。ろてん温泉には 入りませんでした。

1. 動詞の過去形

ました・ませんでした ＋ か

	過去形	韓国語	疑問形	韓国語
肯定	～ました	～었(았)습니다	か	까?
否定	～ませんでした	～지 않았습니다		

- 朝、パンを 食べました。
- 何も 食べませんでした。

2. どこか : 어딘가

의문사「どこ」에 불확실한 의미를 나타내는 조사「か」를 붙여「어딘가」란 뜻.

> 例 だれか(누군가)
> いつか(언젠가)
> なにか(무언가)

- 日曜日に どこか 行きましたか。
- 何か 食べましたか。
- 昨日、誰か 来ましたか。
- いつか 来ますよ。
- これが 何か 分かりますか。

3. 장소 ＋ で ＋ 동작동사 : ～에서 (～을/～를) 하다

「～で」는 동작이 이루어지는 장소에 쓰이는데, 동작동사와 함께 쓰인다.

- ホテルで 合コンを します。
- 日曜日にも 学校で 勉強しました。

4. 동작의 귀착점 조사 「に」

조사 「に」에는 여러 가지 의미가 있는데 「〜に 乗る」「〜に 入る」의 「に」는 동작의 귀착점을 나타낸다.

> 例 〜に 乗る 〜를 타다
>
> 〜に 入る 〜에 들어가다

- 学校までは バスに 乗ります。
- 中に 入ります。

チップ

❶ 조사 「に」를 수반하는 동사

助詞	動詞	韓国語
に	会う	〜(을)를 만나다
	乗る	〜(을)를 타다
	住む	〜에 살다
	なる	〜이 되다
	似る	〜(을)를 닮다
	気をつける	〜(에) 조심하다
	勤める	〜에 근무하다
	着く	〜에 도착하다
	迷う	〜(을)를 헤매다
	入る	〜에 들어가다
	曲がる	〜(으)로 돌다

❷ 주의해야 할 조사

助詞	動詞	韓国語
で	働く	〜에서 일하다
が	分かる	〜을 알다(이해하다)

文型練習

1 朝の様子を見ながら言ってみましょう。

何時に 몇 시에

朝、起きる。아침에 일어나다.

シャワーを あびる。샤워를 하다.

新聞を 読む。신문을 읽(보)다.

パンを 食べる。빵을 먹다.

電車に 乗る。전철을 타다.

学校へ 行く。학교에 가다.

2 昼の様子を見ながら言ってみましょう。

昼ご飯を 食べる。 점심을 먹다.

買い物を する。 쇼핑을 하다.

ゲームを する。 게임을 하다.

家に 帰る。 집에 돌아가다.

3 夕方の様子を見ながら言ってみましょう。

晩ご飯を 食べる。 저녁을 먹다.

テレビを 見る。 TV를 보다.

勉強を する。 공부를 하다.

本を 読む。 책을 읽다.

夜、 早く 寝る。 밤에 일찍 자다.

林	チェさん、週末に　　　　　　　　行きましたか。
チェ	温泉に　　　　　　　　。
林	どこの　　　　　　　　ですか。
チェ	箱根温泉です。ここ　　　意外と　　　　　　　　。
林	箱根　　　温泉たまごを　　　　　　　。
チェ	はい、食べました。
	外が　　　　びっくりしましたが、　　　　　　　です。
林	行きましたか。
チェ	新宿　　　小田急線のロマンスカーに　　　　　。
林	ろてん温泉に　　　　　　　か。
チェ	え、　　　　温泉ですか。
	温泉　　　入りませんでした。

単語帳

なる 되다 | 似(に)る 닮다 | 気(き)をつける 조심하다 | 分(わ)かる 알다, 이해하다 | 勤(つと)める 근무하다 | 着(つ)く 도착하다 | 迷(まよ)う 헤매다 | 曲(ま)がる 구부러지다, 돌다 | 働(はたら)く 일하다

日本文化

にほんぶんか

온천

생활습관이 서양화되어도 일본인이 목욕을 좋아하는 것은 예나 지금이나
변함이 없다. 젊은층에서는 샤워로만 끝내는 사람들도 늘어나고 있지만 아
직 많은 일본인들이 하루의 피로를 풀기 위해 욕조 가득 더운물을 받아 몸
을 담그는 목욕법을 즐기고 있다.

특히 겨울에는 히터를 끄면 추워지기 때문에 욕조에 담가
몸을 덥힌 다음 식기 전에 자는 것이 일반적이다. 그러므
로 주로 자기 전에 목욕을 하는데 몸을 닦는 것도 욕조 안
이 아닌 밖에서 한다. 그렇기 때문에 욕조 물이 그다지
더럽지 않아 누군가 입욕을 한 후 다음 사람이 할 때 욕
조 물을 버리고 새로 물을 받아 하는 일은 없다. 간혹
아주 가깝거나 귀하다고 생각되는 손님이 올 경우 먼
저 손님을 담그게 한 뒤 가족이 이용한다.

습하고 무더운 여름에도 땀으로 끈적끈적해
진 몸을 뜨거운 물에 담그고 나면 개운해지
므로 이와 같은 목욕을 즐긴다. 따라서 간혹
나이든 사람이 목욕 중에 혈압으로 죽는 사고
가 많아 주의를 주기도 한다. 이처럼 목욕이
자연스럽게 온천으로 이어져 온천여행이 많
아진 것이다. 최근에는 温泉のもと라고 하여
전국 각 지역의 온천 성분 가루를 집안 욕조에
풀어 사용하기도 한다.

화산의 나라 일본에는 현재 3000개 이상의 온천이 있다. 옥외에 있는 노천
온천(露天温泉)도 있는가 하면 깊은 산속에 자리 잡고 있는 온천도 있고 남
녀혼욕 온천도 있다. 또한 상처를 입은 동물들까지 온천에 몸을 담가 치료

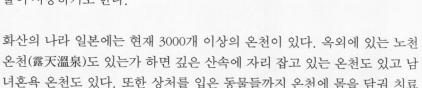

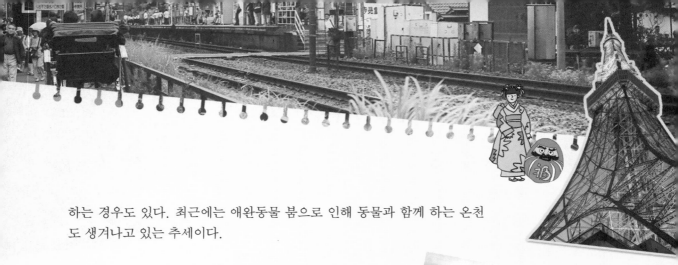

하는 경우도 있다. 최근에는 애완동물 붐으로 인해 동물과 함께 하는 온천도 생겨나고 있는 추세이다.

온천을 즐기는 일본인들의 취향이 반영되어 일본 전국 각지에 온천마을이 조성되고 있는데 그 중에서도 가장 유명한 곳이 아타미(熱海)와 벳푸(別府)의 온천마을이다. 말 그대로 온 마을이 온통 온천이다.
단, 온천에 따라 매일 남탕과 여탕이 바뀌는 곳도 있으므로 꼭 확인하고 이용해야 한다.

18

第18課
<ruby>だいじゅうはち<rt></rt></ruby><ruby>か<rt></rt></ruby>

映画を見に行きたいです。
<ruby>えい<rt></rt></ruby>が<ruby>み<rt></rt></ruby>に<ruby>い<rt></rt></ruby>

重要ポイント
<ruby>じゅうよう<rt></rt></ruby>

1. 動詞の「ます形」+「〜たい」
2. 動詞の「ます形」+「〜に行く」
3. 動詞の「ます形」+「〜にする」

ダイアローグ<ruby>単語<rt>たんご</rt></ruby>

①

<ruby>調子<rt>ちょうし</rt></ruby>
몸상태, 컨디션

②

かっこういい
멋있다

③

<ruby>僕<rt>ぼく</rt></ruby>
나(남성어)

④

<ruby>実力<rt>じつりょく</rt></ruby>
실력

⑤

<ruby>人間<rt>にんげん</rt></ruby>
인간

⑥

<ruby>気分<rt>きぶん</rt></ruby>がいい
기분이 좋다

⑦

<ruby>映画<rt>えいが</rt></ruby>
영화

⑧ ある : 있다

⑨ なる : 되다

田中　今日の鈴木は 調子がいいですね。

パク　ええ、ほんとうですね。

田中　鈴木は かっこういいですね。

パク　はい、私、好きなんです。

田中　ぼくも 実力のある人間に なりたいです。

パク　田中さんも 実力ありますよ。

田中　そうですか。ありがとうございます。
　　　気分がいいですね。パクさん、来週は 何がしたいですか。

パク　そうですね。映画を 見に行きたいです。

田中　じゃ、来週の予定は 映画にしますね。

191

文法

1. 動詞の「ます形」+ たい : ～(고) 싶다

희망을 나타내며 보통「～が ～たい」의 문형으로 쓰인다.

	語幹	語尾		
日本へ	行	か	たい	です
		き		
		く		
		け		
		こ		

- ケーキが 食べ たい です。
- 手紙を日本語で 書き たい です

2. 動詞の「ます形」+ に + 行きます／来ます : ～(하)러 갑니다/ 옵니다

목적의 의미를 나타낸다.「散歩(산책)」「運動(운동)」등 동작을 나타내는 명사에 사용할 수 있다.

- 今、会い に 行きます。
- 昼御飯を 食べ に 来ます。
- 公園へ 散歩 に 行きます。

3. 「名詞」+ に + する : ～로 하다(정하다)

うどん		
コーヒー	に	します
映画		

4. 〜ん

「〜ん」은 문장 끝에 붙어 '이유'나 '해석' '설명' 등의 의미를 나타낸다. 「〜ん」 앞에 '명사'나 'な형용사'가 올 때는 「な」가 사이에 들어간다.

- キムチは 好きではありません。からい <u>ん</u> です。
- 私、好き <u>なん</u> です。

5. の : 접속의 주격 조사로 「〜が」의 의미로 사용한다.

- 雰囲気 <u>の</u> ある店がいいです。

チップ

❶ 「〜たい」の活用 : 〜(하)고 싶다

	肯定	韓国語	否定	韓国語
現在	〜たいです	〜고 싶습니다	〜たくないです	〜고 싶지 않습니다
過去	〜たかったです	〜고 싶었습니다	〜たくなかったです	〜고 싶지 않았습니다

❷ 状態変化の希望表現 : 「〜なりたいです」 〜(이) 되고 싶다

名詞	に	なりたいです	歌手に なりたいです
			가수가 되고 싶습니다.
い形容詞	い → く	なりたいです	大きく なりたいです
			커지고 싶습니다.
な形容詞	だ → に	なりたいです	上手に なりたいです
			잘하게 되고 싶습니다.

文型練習

1 例のように練習をしてみましょう。 Track 83

例 金さん／日本／行く

A: 金さん は 日本 へ 行きたいですか。

B: はい、行きたいです。

いいえ、行きたくないです。

① 田中さん／友達／会う

A: _____ は _____ に _____。

B: はい、_____。

いいえ、_____。

② パクさん／寿司／食べる

A: _____ は _____ が _____。

B: はい、_____。

いいえ、_____。

③ チェさん／ビール／飲む

A: _____ は _____ が _____。

B: はい、_____。

いいえ、_____。

④ イーさん／映画／見る

A: _____ は _____ が _____。

B: はい、_____。

いいえ、_____。

2 例_{れい}のように練習_{れんしゅう}をしてみましょう。 Track 84

例 図書館_{としょかん}／勉強_{べんきょう}する／行_いく

→ 図書館_{としょかん}へ 勉強_{べんきょう}しに 行_いきます。

①

食堂_{しょくどう}／食事_{しょくじ}する／行_いく

→ ＿＿＿＿＿＿へ＿＿＿＿＿＿＿＿。

②

デパート／友達_{ともだち}に会_あう／行_いく

→ ＿＿＿＿＿＿へ＿＿＿＿＿＿＿＿。

③

本屋_{ほんや}／本_{ほん}を買_かう／行_いく

→ ＿＿＿＿＿＿へ＿＿＿＿＿＿＿＿。

④

海_{うみ}／泳_{およ}ぐ／行_いく

→ ＿＿＿＿＿＿へ＿＿＿＿＿＿＿＿。

⑤

喫茶店_{きっさてん}／コーヒーを飲_のむ／行_いく

→ ＿＿＿＿＿＿へ＿＿＿＿＿＿＿＿。

1 次の漢字の読み仮名を書きなさい。

1) 今日 ： ＿＿＿＿＿＿＿＿ 　　2) 調子 ： ＿＿＿＿＿＿＿＿

3) 実力 ： ＿＿＿＿＿＿＿＿ 　　4) 人間 ： ＿＿＿＿＿＿＿＿

5) 気分 ： ＿＿＿＿＿＿＿＿ 　　6) 予定 ： ＿＿＿＿＿＿＿＿

2 下線に一番適当なものを一つ選びなさい。

1) 手紙を日本語で＿＿＿＿＿＿＿＿たいです。
　　① 書く　　　　② 書き　　　　③ 書か　　　　④ 書こ

2) 映画を 見＿＿＿＿＿＿＿＿行きたいです。
　　① の　　　　② る　　　　③ に　　　　④ X

3) 彼女は＿＿＿＿＿＿＿＿なりました。
　　① 美しい　　② 美しいく　　③ 美しく　　④ 美しいの

3 次の韓国語を日本語で書きなさい。

1) 오늘 스즈키는 컨디션이 좋네요.
　　＿＿＿＿＿＿＿＿＿＿＿＿＿＿＿＿＿＿＿＿＿＿。

2) 다음주 예정은 영화로 하겠습니다.
　　＿＿＿＿＿＿＿＿＿＿＿＿＿＿＿＿＿＿＿＿＿＿。

3) 다음주는 무엇을 하고 싶습니까?
　　＿＿＿＿＿＿＿＿＿＿＿＿＿＿＿＿＿＿＿＿＿＿。

4) 영화를 보러 가고 싶습니다.
　　＿＿＿＿＿＿＿＿＿＿＿＿＿＿＿＿＿＿＿＿＿＿。

5) 초밥은 먹고 싶지 않습니다.
　　＿＿＿＿＿＿＿＿＿＿＿＿＿＿＿＿＿＿＿＿＿＿。

応用会話 ★ 처음에는 교과서를 보고 하고 두 번째는 교과서를 덮고 연습해 봅시다.

1. 今、何が 食べたい(飲みたい)ですか。

   何か 食べたいもの(飲みたいもの)が ありますか。

2. 映画が 好きですか。

   よく 映画を 見に 行きますか。

   どんな映画が 見たいですか。

3. 海外旅行に 行きたいですか。

   どこに 行きたいですか。

聞き取り・書き取り練習 ★ 잘 듣고 다음의 공란을 일본어로 채워 봅시다. Track 85

田中	今日の鈴木は ____ ですね。
パク	ええ、ほんとうですね。
田中	鈴木は ____ ですね。
パク	はい、私、____ です。
田中	____ も実力のある人間に ____ です。
パク	田中さん ____ 実力ありますよ。
田中	そうですか。ありがとうございます。____ ですね。
	パクさん、来週は ____ ですか？
パク	そうですね。映画を ____ です。
田中	じゃ、来週の予定は ____ ね。

単語帳

手紙(てがみ) 편지 | 散歩(さんぽ) 산책 | 運動(うんどう) 운동 | 公園(こうえん) 공원 | 昼御飯(ひるごはん) 점심밥 | 映画(えいが) 영화 | 魚(さかな) 생선 | 本屋(ほんや) 서점 | 海(うみ) 바다 | 喫茶店(きっさてん) 찻집

応用単語と文型

- 食(た)べたいもの : 먹고 싶은 것
- 何(なん)か : 무언가, 뭔가
- よく : 자주
- ぜんぜん : 전혀
- 時々(ときどき) : 때때로, 가끔
- めったに : 좀처럼
- しょっちゅう : 늘, 자주

- あまり : 그다지, 별로
- ヨーロッパ : 유럽
- アメリカ : 미국
- 日本(にほん) : 일본
- アフリカ : 아프리카

日本文化
(に ほん ぶん か)

스포츠

● 스모(相撲)
(すもう)

일본의 전통 스포츠로는 스모(相撲), 유도(柔道), 검도(剣道) 등이 있다. 스모의
(すもう) (じゅうどう) (けんどう)
역사는 고대시대부터 시작되는데 사실(史実)에 기록되어 있는 최초의 스모는 642
(し じつ)
년부터이다. 스모는 우리의 씨름과 비슷하나 단순한 스포
츠라기보다는 농업생활의 길흉을 점치고 신에게 바치는 종
교 제례나 진혼, 주술 등의 행사의 일종으로 경기에 앞서
두 장사는 물로 입을 헹구고, 부정을 없애기 위해 소금을 씨
름판 위에 뿌리는 의식을 행한다. 선수는 마와시(まわし)만
찬 채로 등장하며 씨름의 천하장사에 해당하는 최고위를 요
코즈나(横綱)라고 한다.
(よこづな)

● 야구(野球)
(や きゅう)

일본의 고교야구대회는 전국의 고등학교가
치열한 예선을 거쳐 고시엔(甲子園)구장에서
(こう し えん)
매년 봄과 여름 2회 실시되며, 이때는 전 일
본열도가 열광 하는 것이 특징이다. 프로야
구는 센트럴리그와 퍼시픽리그 각각 6개 구
단이 합쳐 12개 구단이 있다.(일본야구기구 공
식사이트 http://www.npb.or.jp/)

● 축구(サッカー)

1993년에 일본 삿카리그(J리그)가 성립되어 현재 J1에
18개 팀, J2에 18개 팀이 있다. (J리그 공식사이트 http://
www.j-league.or.jp/)

19

第19課
だいじゅうきゅうか

わたし　あたら　　　　くるま
私も新しい車が ほしいです。

じゅうよう
重要ポイント

1.「～がほしい」
2.「～ましょう／～ましょうか」

ダイアローグ単語

①

すごい
굉장하다

②

トヨタ
도요타
일본 자동차회사 이름

③

スポーツカー
스포츠카

④

運転
운전

⑤

ほしい
갖고 싶다, 원하다

⑥

ドライブ
드라이브

⑦ **それほどでもありません** : 그 정도까지는 아닙니다.

⑧ **好み** : 이상형

⑨ **すごく** : 굉장히

⑩ **〜ので** : 〜(이)기 때문에, 〜(이)어서

⑪ **乗り心地** : 승차감

⑫ **〜しやすい** : 〜하기 쉽다

⑬ **今度** : 이번, 다음에

⑭ **行きましょう** : 갑시다

ダイアローグ

 Track 86

チェ：林さん、この車 だれのですか。

林：私のです。先週、買いました。

チェ：えー、すごいですね。

林：それほどでも ありません。

私の好みのトヨタの スポーツカーが

先週 すごく安かったので、ローンで 買いました。

チェ：乗り心地は いかがですか。

林：運転しやすくて とてもいいです。

チェ：私も新しい車が ほしいです。

林：今度、ドライブに 行きませんか。

チェ：いいですね、行きましょう。

文法

1. 名詞 ＋ が ＋ ほしい : 〜을 갖고 싶다, 〜이 있었으면 좋겠다.

冷たいビール		
車		
子供	が	ほしいです
お金		
お菓子		

2. 〜ましょう/〜ましょうか : 〜(합)시다 ／ 〜(할)까요

동사의 정중한 '권유표현' 「〜ましょうか」는 완곡한 권유표현이다.

1) 1グループ「u동사(5段動詞)」

	ば	
	び	
一緒に 遊	ぶ	ましょう(か)
	べ	
	ぼ	

- 東京へ いっしょに 行きましょう。
- 東京へ いっしょに 行きましょうか。

2) 2グループ「ru동사(上・下1段動詞)」

一緒に 食べ	る	ましょう(か)

- 映画を 一緒に 見ましょう。
- 映画を 一緒に 見ましょうか。

3) 3グループ (불규칙 동사)

する	し	ましょう(か)
来る	き	ましょう(か)

- 日本語学校で 一緒に 勉強 しましょう。
- 日本語学校で 一緒に 勉強 しましょうか。

3. 〜ので : 〜(이)어서, 〜(이)기 때문에

'이유'나 '원인'을 나타낼 때 사용

1) 名詞／な形容詞(だ) ＋ な ＋ ので

- 明日、試験 な ので 勉強をします。

- イーさんは きれい な ので 人気が あります。

2) 動詞／い形容詞 基本形 ＋ ので

- いつも 日本語で 話す ので 日本語が 上手に なりました。

- もう レポートを 出しました ので これから 飲みに 行きます。

* 「〜から」도 의미상으로는 '원인, 이유'를 나타내는데, 「〜ので」가 「〜から」에 비해 약간 객관적인 느낌이 있다.

4. 動詞のます形 + やすい／にくい： ～하기 쉽다/～하기 어렵다

1) 1グループ 「u動詞(5段動詞)」

この本は	読	まみむめも	やすい／にくい	です
		ま		
		み		
		む		
		め		
		も		

- 日本酒は <u>飲みやすい</u>です。

- このゲームは <u>やりにくい</u>です。

2) 2グループ 「ru動詞(上・下1段動詞」

食べ	る	やすい／にくい	です

- この地図は <u>見</u>やすいです。
- 日本語は <u>教えにくい</u>です。

3) 3グループ(불규칙동사)

する	し	やすい／にくい	です
来る	き		

- この車の運転はしやすいです。

❶ 「ほしい」の活用（かつよう）：〜을 갖고 싶다

	肯定（こうてい）	否定（ひてい）
現在（げんざい）	〜ほしいです	〜ほしくないです
過去（かこ）	〜ほしかったです	〜ほしくなかったです

❷ ほしい（〜たい）＋ です ＋ が（〜ㄴ데, 〜지만）

1) いい辞書（じしょ）が ほしいです。大（おお）きい 本屋（ほんや）は どこに ありますか。

　→ いい辞書（じしょ）が ほしいですが、大（おお）きい 本屋（ほんや）は どこに ありますか。
　　좋은 사전을 갖고 싶은데, 큰 서점은 어디에 있습니까?

2) せっけんと シャンプーが ほしいです。どこに ありますか。

　→ せっけんと シャンプーが ほしいですが、どこに ありますか。
　　비누와 샴푸를 갖고 싶은데, 어디에 있습니까?

3) 夏休（なつやす）みに 海外（かいがい）へ 行（い）きたいです。安（やす）い 切符（きっぷ）がありますか。

　→ 夏休（なつやす）み 海外（かいがい）へ 行（い）きたいですが、安（やす）い 切符（きっぷ）が ありますか。
　　여름방학에 해외에 가고 싶습니다만, 싼 표가 있습니까?

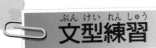

文型練習

1 例のように練習をしてみましょう。 Track 87

例

田中さん／化粧品

A：田中さん は 何が ほしいですか。

B：化粧品 が ほしいです。

①

金さん／家

A：＿＿＿＿＿＿は 何が＿＿＿＿＿＿＿。

B：＿＿＿＿＿＿＿＿＿＿＿＿＿＿＿＿。

②

パクさん／犬

A：＿＿＿＿＿＿は 何が＿＿＿＿＿＿＿。

B：＿＿＿＿＿＿＿＿＿＿＿＿＿＿＿＿。

③

チェさん／パソコン

A：＿＿＿＿＿＿は 何が＿＿＿＿＿＿＿。

B：＿＿＿＿＿＿＿＿＿＿＿＿＿＿＿＿。

④

中村さん／帽子

A：＿＿＿＿＿＿は 何が＿＿＿＿＿＿＿。

B：＿＿＿＿＿＿＿＿＿＿＿＿＿＿＿＿。

⑤

お母さん／洗濯機

A：＿＿＿＿＿＿は 何が＿＿＿＿＿＿＿。

B：＿＿＿＿＿＿＿＿＿＿＿＿＿＿＿＿。

2 例^{れい}のように練習^{れんしゅう}をしてみましょう。 🎧 Track 88

例

金曜日^{きんようび} テスト／勉強^{べんきょう}する
→ 金曜日^{きんようび} テスト なので 勉強^{べんきょう}します。

①

彼女^{かのじょ}はきれいだ／人気^{にんき}がある。

→ _____ので_____。

②

図書館^{としょかん}の中^{なか}／静^{しず}かにする。

→ _____ので_____。

③

明日^{あした}は日曜日^{にちようび}／休^{やす}む

→ _____ので_____。

④

結婚^{けっこん}する／お金^{かね}が必要^{ひつよう}だ

→ _____ので_____。

⑤

頭^{あたま}が痛^{いた}い／休^{やす}む

→ _____ので_____。

練習問題
<ruby>練<rt>れん</rt></ruby><ruby>習<rt>しゅう</rt></ruby><ruby>問<rt>もん</rt></ruby><ruby>題<rt>だい</rt></ruby>

1 次の漢字の読み仮名を書きなさい。
<ruby>次<rt>つぎ</rt></ruby>の<ruby>漢<rt>かん</rt></ruby><ruby>字<rt>じ</rt></ruby>の<ruby>読<rt>よ</rt></ruby>み<ruby>仮<rt>が</rt></ruby><ruby>名<rt>な</rt></ruby>を<ruby>書<rt>か</rt></ruby>きなさい。

1) 好み ：＿＿＿＿＿＿＿　　2) 乗り心地 ：＿＿＿＿＿＿＿

3) 運転 ：＿＿＿＿＿＿＿　　4) 新しい ：＿＿＿＿＿＿＿

5) 買う ：＿＿＿＿＿＿＿　　6) 今度 ：＿＿＿＿＿＿＿

2 下線に一番適当なものを一つ選びなさい。
<ruby>下<rt>か</rt></ruby><ruby>線<rt>せん</rt></ruby>に<ruby>一<rt>いち</rt></ruby><ruby>番<rt>ばん</rt></ruby><ruby>適<rt>てき</rt></ruby><ruby>当<rt>とう</rt></ruby>なものを<ruby>一<rt>ひと</rt></ruby>つ<ruby>選<rt>えら</rt></ruby>びなさい。

1) 先週＿＿＿＿＿＿安かったので、ローンで　買いました。
　　① すごい　　　② すごく　　　③ すげい　　　④ すごいく

2) いつも 日本語で話＿＿＿＿＿＿日本語が 上手に なりました。
　　① し なので　　② し ので　　③ す ので　　④ す なので

3) 私も新しい車＿＿＿＿＿＿ほしいです。
　　① を　　　　　② に　　　　　③ が　　　　　④ も

3 次の韓国語を日本語で書きなさい。
<ruby>次<rt>つぎ</rt></ruby>の<ruby>韓<rt>かん</rt></ruby><ruby>国<rt>こく</rt></ruby><ruby>語<rt>ご</rt></ruby>を<ruby>日<rt>に</rt></ruby><ruby>本<rt>ほん</rt></ruby><ruby>語<rt>ご</rt></ruby>で<ruby>書<rt>か</rt></ruby>きなさい。

1) 지난 주에 굉장히 싸서 할부로 샀습니다.

　＿＿＿＿＿＿＿＿＿＿＿＿＿＿＿＿＿＿＿＿＿。

2) 운전하기 쉽고 너무도 좋습니다.

　＿＿＿＿＿＿＿＿＿＿＿＿＿＿＿＿＿＿＿＿＿。

3) 나도 새 차를 갖고 싶습니다.

　＿＿＿＿＿＿＿＿＿＿＿＿＿＿＿＿＿＿＿＿＿。

4) 좋아요. 갑시다.

　＿＿＿＿＿＿＿＿＿＿＿＿＿＿＿＿＿＿＿＿＿。

 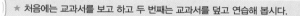

応用会話

★ 처음에는 교과서를 보고 하고 두 번째는 교과서를 덮고 연습해 봅시다.

1. 00さんは 今、何が 一番ほしいですか。

2. 00さんが デパートへ 行きました。
   高いですが、ブランド品のかばんが ほしいです。
   どうしますか。でも、お金は ありません。

3. 安いものが あります。
   必要ではありませんが、安いので たくさん買いますか。

4. 一億円が あります。00さんは 何が 買いたいんですか。

聞き取り・書き取り練習

★ 잘 듣고 다음의 공란을 일본어로 채워 봅시다. 🔊 Track 89

チェ	林さん、この車　　　　　　　ですか。
林	私　　　です。先週、買いました。
チェ	えー、すごいですね。
林	ありません。
	私の　　　のトヨタのスポーツカーが
	先週すごく　　　　　　、ローンで　　　　　。
チェ	はいかがですか。
林	運転　　　　　とてもいいです。
チェ	私も新しい車が　　　　　　。
林	今度、ドライブに　　　　　。
チェ	いいですね、　　　　　。

単語帳

お金(かね) 돈 | お菓子(かし) 과자 | 人気(にんき) 인기 | 出(だ)す 내다, 꺼내다 | いつも 항상 | これから 지금부터, 이제부터 | かに 게 | 新鮮(しんせん)だ 신선하다 | たくさん 많이 | ゲーム 게임 | 地図(ちず) 지도 | 運転(うんてん) 운전 | 辞書(じしょ) 사전 | せっけん 비누 | シャンプー 샴푸 | 切符(きっぷ) 표 | 化粧品(けしょうひん) 화장품 | パソコン 컴퓨터 | 帽子(ぼうし) 모자 | 洗濯機(せんたくき) 세탁기 | テスト 테스트 | 結婚(けっこん) 결혼 | 必要(ひつよう) 필요

■ 応用単語と文型

- デパート : 백화점
- ブランド品(ひん) : 브랜드제품
- どうしますか : 어떻게 합니까?
- でも : 하지만
- 安(やす)いもの : 싼 물건
- 安(やす)いから : 싸기 때문에(싸서)

209

일본인의 성

일본인의 성은 약 30만 개로 같은 아시아국인 중국이 350개, 한국이 250개이고 유럽이 전체 합해서 5만개 정도이므로 일본의 성이 매우 다양하다는 것을 알 수 있다.

일본 성의 랭킹은 다음과 같다.

1위 佐藤(さとう) 1914300명	2위 鈴木(すずき) 1692300명
3위 高橋(たかはし) 1406000명	4위 田中(たなか) 1324200명
5위 渡辺(わたなべ) 1090400명	6위 伊藤(いとう) 1072400명
7위 山本(やまもと) 1068200명	8위 中村(なかむら) 1041200명
9위 小林(こばやし) 1011900명	10위 加藤(かとう) 853300명

(출전: 『日本苗字大辞典』芳文館、1996, 7월 발행, 『日本人の苗字―三〇万姓の調査から見えたこと (일본인의 성―30만 성의 조사로 보인 것)』光文社新書、丹羽 基二 著)

약 30만개 가까운 성이지만 7000개의 성이 전 인구의 약 96%를 차지하고 있다. 가장 많은 것은 지명형으로, 거주지나 조상의 출신지를 성으로 사용하는 사람이 8할을 차지한다고 한다. 다음으로 많은 것이 직업형과 집형이고 그 다음이 관직형이라고 한다. 이 경향은 사용되는 문자에도 나타나고 있다. 田, 藤, 山, 野, 川, 木, 井, 村, 本, 中 등이 이름에 자주 사용되는 한자 베스트 10인데 토지의 이름과 관계가 깊은 문자가 많은 것을 알 수 있다. 잘 알려져 있다시피 성을 갖는 것이 오랜 세월 서민에게는 허용되지 않고 특권층만의 것이었다. 에도(江戸) 말기의 인구는 3000만 명. 이 가운데 성을 가진 사람은 4% 정도인 120만명으로 약 만개의 성이었다고 한다. 메이지(明治) 초기에 성의 의무화에 따라 29만개의 성이 늘어나 30만이 되었다고 한다. 그 이전부터 비공식적으로 사용했던 예도 많았던 것 같은데 대부분의 성은 아직 100년이 좀 지난 비교적 새로운 것이다.

대표적으로 하나만 예시하면「スズキ」란 도대체 무엇일까?

원래 처음 생긴 호족의 성씨로 말하자면「穂積」인데 이는 기슈국(紀州国)의 구마노 신사(熊野神社)에 옛날부터 있었던 신관 가문이다.「穂積」란 볏단 중심에 한 자루 봉을 세운다는 것인데 즉 이것이 スズキ이다. 이 봉을 통해 벼의 혼이 벼에 들어온다. 따라서 이 나무는 '성스러운 나무', 즉 구마노의 방언으로 スズキ가 되었다. 지금은「鈴木」란 글자를 주로 사용하고 있지만 40개 이상의 スズキ를 쓰는 방식이 있다. 없어서는 안 되는 귀중한, 축하할만한 존재인「スズキ(鈴木)」는 메이지(明治)가 되어 성으로 불리는 것이 허용되었고 성이 허용된 일반인은 앞을 다투어 이 도쿄의 성을 사용하게 되었다.

부록

総合問題

次の質問に答えなさい。

1 次の文の中で助詞の使い方が間違っているものをえらびなさい。

① ワイシャツの　そばに　ネクタイも　あります。
② ロッテホテルが　どこで　ありますか。
③ 誰の　たんじょう日ですか。
④ ホテルは　デパートの　隣に　あります。

2 次の文の中で「形容詞」の使い方が間違っているものをえらびなさい。

① きれくありません　　　　② つめたかったです
③ からくて　　　　　　　　④ おいしいので

3 次の文の中で形容詞の活用形が間違っているものを選びなさい。

① サムゲタンは　全然　辛くありません。
② 冷たい　ビールも　ほしいですね。
③ あの　店は　人が　多いですね。
④ とても、おいしく店です。

4 次の語の中で「な形容詞」ではないものを選びなさい?

① どんな　　　　② しずかな　　　③ すきな　　　　④ べんりな

5 '뭐든지 좋아합니다.'を　日本語に訳すると「何(　　)好きです。」になる。
(　　)の中に入る適当な助詞を選びなさい。

① も　　　　　　② が　　　　　　③ でも　　　　　　④ を

6 次の文の中で助詞「が」の使い方が違うものをえらびなさい。

① 私は スポーツが 好きではありません。

② この 辺(へん)は 交通(こうつう)が 便利(べんり)です。

③ イーさんは 日本語(にほんご)が とても 上手(じょうず)です。

④ 日本料理(にほんりょうり)が 好(す)きです。

7 次の文の中で「な形容詞」の使い方が間違っているものを選びなさい。

① 交通(こうつう)が 便利(べんり)ではありませんか。

② この 辺(へん)は とても 静(しず)かですね。

③ 日本語(にほんご)が そんなに 上手(じょうず)ではありません。

④ イーさんは 元気(げんき)の 人です。

8 次の言葉の中で、形容詞の過去形が間違っているものを選びなさい。

① いかったです　　　　　② すずしかった

③ きれいだったです　　　④ しんせんでした

9 次の文の中で、( )の中の助詞の使い方が正しいものを選びなさい。

① 昼(ひる)は ちょっと 暑(あつ)かったんです(か)、夜(よる)は 涼(すず)しかったです。

② 済州道(チェジュド)の 写真(しゃしん)(の) これです。

③ いい お天気(てんき)ですね。昨日(きのう)(も) いい 天気でしたね。

④ 魚(さかな)が 一番(いちばん) 新鮮(しんせん)(だ) おいしかったです。

10 次の言葉の中で、動詞の種類が違うものを選びなさい。

① 行(い)く　　　② 飲(の)む　　　③ 取(と)る　　　④ する

11 次の動詞の中で、「ます形」が正しいものを選びなさい。

① 来(く)ります　　② 食(た)べります　　③ すります　　④ 休(やす)みます

12 次の文の(　　)に当てはまる助詞を入れなさい。

①に　②から　③で　④を　⑤と　⑥それから　⑦は

❶私は　高橋さん＿＿＿＿＿＿いっしょに　映画を　見に　行きます。
＿＿＿＿＿＿、夕ご飯を　いっしょに　食べます。
❷あした　日本＿＿＿＿＿＿友達が　来ます。
❸日曜日＿＿＿＿＿＿何を　しますか。
❹学校は　電車＿＿＿＿＿＿行きます。
❺では、来週の予定は　映画＿＿＿＿＿＿しますね。

13 次の文の中で、(　　)の内に助詞「に」が入らないものを選びなさい。

① 友達(　　)　会いに　行きます。　　② KTX(　　)　乗りますか。
③ 高橋さん(　　)　よろしく。　　　　④ プサン(　　)　行きます。
⑤ 何(　　)　行きますか。

14 次の言葉の中で、動詞の勧誘形が間違っているものを選びなさい。

① 行きましょう　　　　　　　② 来ましょう
③ 食べましょう　　　　　　　④ 会うましょう

15 次の文の中で、間違っているところを選びなさい。

❶3時ごろ　外大駅に　待ち合わせを　しましょう。
　　①　　　　②　　　　　③　　　　④

❷私も　帽子も　一つ　ほしいな。
　①　　②　　③　　④

❸東大門は　学校で　地下鉄で　30分ぐらい　かかります。
　　　　　①　　　②　　　③　　　　④

214

16 次の表現の中で、正しくないものを選びなさい。

① どこかへ　出かける　　　　② 調子が　いい
③ 山登りを　いく　　　　　　④ 電話を　かける

17 次の否定形の中で、正しくないものを選びなさい。

① やすくおいしくもありません　② すきではありませんでした。
③ にぎやかじゃないです。　　　④ 入りませんでした

18 「이미 레포트를 제출했기 때문에 지금부터 마시러 갑니다.」の日本語訳で、一番正しいものを選びなさい。

① もうレポートを出しましたで、これから飲みに行きます。
② もうレポートを出しましたので、これから飲むに行きます。
③ もうレポートを出しますので、これから飲みに行きます。
④ もうレポートを出しましたので、これから飲みに行きます。

19 「こどものころ べんきょうは すきじゃなかった。」の＿＿＿のところとだいたい同じ意味の文を一つ選びなさい。

① たのしくなかった。
② きらいじゃなかった。
③ すきでもきらいでもなかった。
④ きらいだった。

20 「ペヨンジュンは 「冬のソナタ」で＿＿＿＿＿なりました。」の文で＿＿＿のところに入るものを一つ選びなさい。

① ゆうめいに　　② ゆうめく　　　③ ゆうめに　　　　④ ゆうめいで

おぼえましょう

① 動物

猫（ねこ）: 고양이

豚（ぶた）: 돼지

牛（うし）: 소

犬（いぬ）: 개

虎（とら）: 호랑이

馬（うま）: 말

兎（うさぎ）: 토끼

狐（きつね）: 여우

猿（さる）: 원숭이

熊（くま）: 곰

鹿（しか）: 사슴

鼠（ねずみ）: 쥐

蛇（へび）: 뱀

鳥（とり）: 새

蛙（かえる）: 개구리

象（ぞう）: 코끼리

魚(うお)（さかな）: 물고기/생선

狸（たぬき）: 너구리

② 果物 (くだもの)

りんご : 사과

なし : 배

すいか : 수박

ぶどう : 포도

くり : 밤

みかん : 귤

もも : 복숭아

かき : 감

いちご : 딸기

パイナップル : 파인애플

バナナ : 바나나

マンゴー : 망고

メロン : 메론

すもも : 자두

３ 野菜（やさい）

さつまいも : 고구마

たまねぎ : 양파

ねぎ : 파

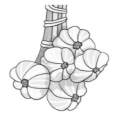
きゅうり : 오이

さといも : 토란

じゃがいも : 감자

にんじん : 당근

にんにく : 마늘

キャベツ : 양배추

だいこん : 무

なす : 가지

キノコ : 버섯

はくさい : 배추

218

4 体_{からだ}

頭_{あたま} : 머리

指_{ゆび} : 손가락

手首_{て くび} : 손목

腕_{うで} : 팔

胸_{むね} : 가슴

首_{くび} : 목

背中_{せ なか} : 등

お腹_{なか} : 배

肩_{かた} : 어깨

手_て : 손

お尻_{しり} : 엉덩이

ひじ : 팔꿈치

腰_{こし} : 허리

股_{もも} : 허벅다리

ふくらはぎ : 장딴지

ひざ : 무릎

はぎ : 정강이

足首_{あしくび} : 발목

足_{あし} : 발(다리)

5 顔（かお）

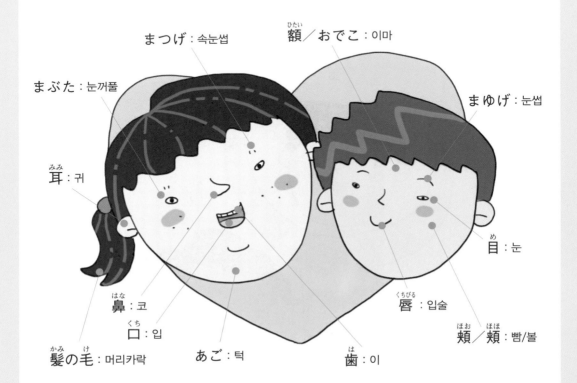

まつげ：속눈썹

額（ひたい）／おでこ：이마

まぶた：눈꺼풀

まゆげ：눈썹

耳（みみ）：귀

目（め）：눈

鼻（はな）：코

唇（くちびる）：입술

口（くち）：입

頬（ほお）／頬（ほほ）：뺨/볼

髪の毛（かみのけ）：머리카락

あご：턱

歯（は）：이

⑥ 家族の紹介

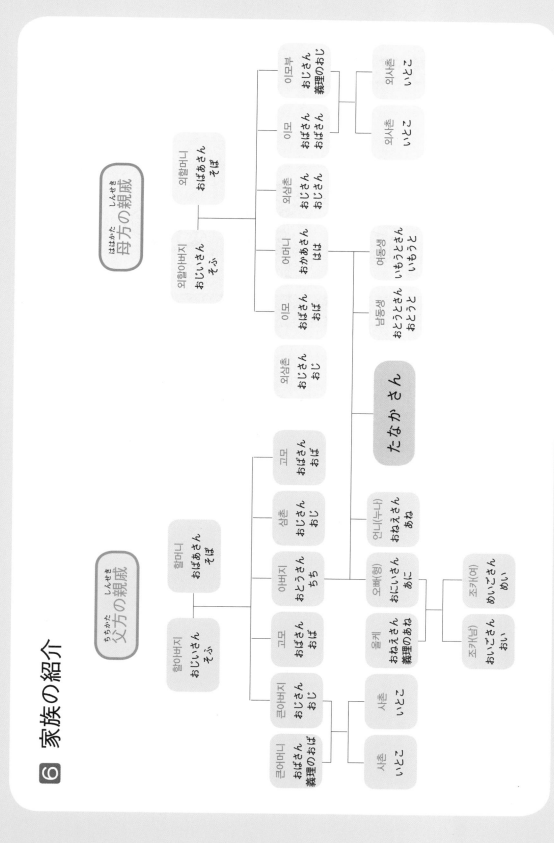

조수사 物の数え方

몇	いくつ	何個 (なんこ)	何人 (なんにん)	何台 (なんだい)	何枚 (なんまい)

1	ひとつ	いっこ	ひとり	いちだい	いちまい
2	ふたつ	にこ	ふたり	にだい	にまい
3	みっつ	さんこ	さんにん	さんだい	さんまい
4	よっつ	よんこ	よにん	よんだい	よんまい
5	いつつ	ごこ	ごにん	ごだい	ごまい
6	むっつ	ろっこ	ろくにん	ろくだい	ろくまい
7	ななつ	ななこ	しちにん	ななだい	ななまい
8	やっつ	はっこ	はちにん	はちだい	はちまい
9	ここのつ	きゅうこ	きゅうにん	きゅうだい	きゅうまい
10	とお	じゅっこ	じゅうにん	じゅうだい	じゅうまい

몇	 なんぼん 何本	 なんびき 何匹	 なんばい 何杯	 なんがい 何階	 なんさつ 何冊
1	いっぽん	いっぴき	いっぱい	いっかい	いっさつ
2	にほん	にひき	にはい	にかい	にさつ
3	さんぽん	さんびき	さんばい	さんがい	さんさつ
4	よんほん	よんひき	よんはい	よんかい	よんさつ
5	ごほん	ごひき	ごはい	ごかい	ごさつ
6	ろっぽん	ろっぴき	ろっぱい	ろっかい	ろくさつ
7	ななほん	ななひき	ななはい	ななかい	ななさつ
8	はっぽん	はっぴき	はっぱい	はっかい	はっさつ
9	きゅうほん	きゅうひき	きゅうはい	きゅうかい	きゅうさつ
10	じ(ゅ)っぽん	じ(ゅ)っぴき	じ(ゅ)っぱい	じ(ゅ)っかい	じ(ゅ)っさつ

몇	 なんさい 何歳	 なんかい 何回	 なんはこ 何箱	 なんえん 何円	 なんけん 何軒
1	いっさい	いっかい	ひとはこ	いちえん	いっけん
2	にさい	にかい	ふたはこ	にえん	にけん
3	さんさい	さんかい	さんぱこ	さんえん	さんげん
4	よんさい	よんかい	よんはこ	よえん	よんけん
5	ごさい	ごかい	ごはこ	ごえん	ごけん
6	ろくさい	ろっかい	ろっぱこ	ろくえん	ろっけん
7	ななさい	ななかい	ななはこ	ななえん	ななけん
8	はっさい	はっかい	はっぱこ	はちえん	はっけん
9	きゅうさい	きゅうかい	きゅうはこ	きゅうえん	きゅうけん
10	じゅっさい	じゅっかい	じゅっぱこ	じゅうえん	じゅっけん

●年・月・日

何(몇)	年 何年	月 何月	日 何日
1	いちねん	いちがつ	ついたち
2	にねん	にがつ	ふつか
3	さんねん	さんがつ	みっか
4	よねん	しがつ	よっか
5	ごねん	ごがつ	いつか
6	ろくねん	ろくがつ	むいか
7	しちねん	しちがつ	なのか
8	はちねん	はちがつ	ようか
9	きゅうねん	くがつ	ここのか
10	じゅうねん	じゅうがつ	とおか

●泊・週間・ヶ月

何(몇)	泊 何泊	週間 何週間	ヶ月 何ヶ月
1	いっぱく	いっしゅうかん	いっかげつ
2	にはく	にしゅうかん	にかげつ
3	さんぱく	さんしゅうかん	さんかげつ
4	よんぱく	よんしゅうかん	よんかげつ
5	ごはく	ごしゅうかん	ごかげつ
6	ろっぱく	ろくしゅうかん	ろっかげつ
7	ななはく	ななしゅうかん	ななかげつ
8	はっぱく はちはく	はっしゅうかん はちしゅうかん	はっかげつ はちかげつ
9	きゅうはく	きゅうしゅうかん	きゅうかげつ
10	じっぱく じゅっぱく	じゅっしゅうかん じっしゅうかん	じゅっかげつ じっかげつ

●時間 (じかん)

何(몇) (なん)	何時 (なんじ)	何分 (なんふん)	何時間 (なんじかん)
1	いちじ	いっぷん	いちじかん
2	にじ	にふん	にじかん
3	さんじ	さんぷん	さんじかん
4	よじ	よんぷん	よじかん
5	ごじ	ごふん	ごじかん
6	ろくじ	ろっぷん	ろくじかん
7	しちじ／ななじ	ななふん／しちふん	しち／ななじかん
8	はちじ	はっぷん／はちふん	はちじかん
9	くじ	きゅうふん	くじかん
10	じゅうじ	じっぷん／じゅっぷん	じゅうじかん

●時の表現 (とき ひょうげん)

何(몇) (なん)	日 (ひ)	週 (しゅう)	月 (つき)	年 (とし)
過去 (かこ)	おととい	先々週 (せんせんしゅう)	先々月 (せんせんげつ)	おととし
	그저께	지지난주	지지난달	재작년
	昨日 (きのう)	先週 (せんしゅう)	先月 (せんげつ)	去年／昨年 (きょねん／さくねん)
	어제	지난주	지난달	작년
現在 (げんざい)	今日 (きょう)	今週 (こんしゅう)	今月 (こんげつ)	今年 (ことし)
	오늘	이번 주	이번 달	올해/금년
未来 (みらい)	明日 (あした)	来週 (らいしゅう)	来月 (らいげつ)	来年 (らいねん)
	내일	다음주	다음달	내년
	あさって	再来週 (さらいしゅう)	再来月 (さらいげつ)	再来年 (さらいねん)
	모레	다다음주	다다음달	내후년
	しあさって			
	글피			
毎 (まい)	毎日 (まいにち)	毎週 (まいしゅう)	毎月／毎月 (まいつき／まいげつ)	毎年／毎年 (まいねん／まいとし)
	매일	매주	매월	매년

●名詞の活用表

시제	긍정/부정	정중체
현재	긍정	名詞 ＋ です。
	부정	名詞 ＋ では(じゃ)ありません。
과거	긍정	名詞 ＋ でした。
	부정	名詞 ＋ では(じゃ)ありませんでした。

●い形容詞の活用表

• 大きい ：크다

시제	긍정/부정	보통체	정중체
현재	긍정	い。	い です。
	부정	い く ない。	い く ありません。 い く ないです。
과거	긍정	い かった。	い かったです。
	부정	い く なかった。	い く ありませんでした。 い く なかったです。

●な形容詞の活用表

• まじめだ ：성실하다

시제	긍정/부정	보통체	정중체
현재	긍정	だ。	だ です。
	부정	だ では(じゃ)ない。	だ では(じゃ)ありません。 だ では(じゃ)ないです。
과거	긍정	だった。	だ でした。
	부정	だ では(じゃ)なかった。	だ では(じゃ)ありませんでした。 だ では(じゃ)なかったです。

●動詞の活用表

グループ	辞書形		現在肯定丁寧	現在否定丁寧	過去肯定丁寧	過去否定丁寧
1	書	か き く け こ	ます	ません	ました	ませんでした
	遊	ば び ぶ べ ぼ	ます	ません	ました	ませんでした
2	食べ 見	る る	ます	ません	ました	ませんでした
3	する	し	ます	ません	ました	ませんでした
	くる	き	ます	ません	ました	ませんでした

3課

●文型練習

1. ① 私は会社員です。
   ② 私は銀行員です。
   ③ イーさんは先生です。
   ④ 私は医者です。
   ⑤ 私は警察官です。
   ⑥ 私は主婦です。
2. ① 私は日本人です。
   ② 私は中国人です。
   ③ スミスさんはアメリカ人です。
   ④ リサさんはイギリス人です。

●練習問題

1 1) りんご
   2) アメリカ
   3) バナナ

2 1) は
   2) かんこくじん
   3) かいしゃいん
   4) にほんじん

3 1) はじめまして、田中です。どうぞ、よろしくおねがいします。
   2) イーさんは韓国人です。
   3) 中村さんは会社員です。日本人です。

●聞き取り・書き取り練習

イーさん / 韓国人 / おねがいします / どうぞ

4課

●文型練習

1. ① A：くるま
      B：これは田中さんの車です。
   ② A：本
      B：それは中村さんの本です。
   ③ A：かばん
      B：あれは金さんのかばんです。
   ④ A：めがね
      B：それは先生のめがねです。
   ⑤ A：かさ
      B：これは私のかさです。
2. ① かばんではありません。靴です。
   ② とけいではありません。しゃしんです。
   ③ ぼうしではありません。とけいです。
   ④ しゃしんではありません。携帯電話です。
   ⑤ えんぴつではありません。ボールペンです。

●練習問題

1 1) とけい
   2) ボールペン

3) メガネ

2 1) ではありません。

2) それ

3) あれ

4) 日本人（にほんじん）ではありません。

5) の

3 1) これはなっとうです。

2) 金（きん）さんは韓国人（かんこくじん）ではありません。

3) お弁当（べんとう）とお茶（ちゃ）はあそこです。

これは / ではありません / どこですか / と / おちゃ

も / あそこ / おすすめ / どれ

5課（か）

1. ① いま、ろくじです。

② いま、くじです。

③ いま、いちじです。

④ いま、しちじです。

⑤ いま、じゅうにじです。

⑥ いま、にじです。

⑦ いま、じゅういちじです。

⑧ いま、よじです。

⑨ いま、ごじです。

⑩ いま、はちじです。

2. ① じゅういち

② にじゅうろく

③ よんじゅうご

④ はちじゅうはち

⑤ きゅうじゅうきゅう

⑥ ひゃく

⑦ ぜろさんいち の にいちはち の ごはちきゅういち

⑧ ぜろいちぜろ の さんいちごさん の ろくご

いちはち

⑨ ぜろに の ろくななさん の いちろくよんぜろ

⑩ ぜろいちいち の にななはちなな の いちぜ

ろぜろいち

3. ① A：学校（がっこう）、何時（なんじ）、何時（なんじ）

B：くじ、さんじ

② A：銀行（ぎんこう）、何時（なんじ）、何時（なんじ）

B：じゅうじ、ごじ

③ A：映画（えいが）、何時（なんじ）、何時（なんじ）

B：しちじ、くじ

④ A：コンビニ、何時（なんじ）、何時（なんじ）

B：にじゅうよじかん

⑤ A：テスト、何時（なんじ）、何時（なんじ）

B：じゅうじ、いちじ

⑥ A：会社（かいしゃ）、何時（なんじ）、何時（なんじ）

B：くじ、ろくじ

1 1) デパート

2) テスト

3) びようしつ

2 1) ひ、く、ち、ゅ、な、う、よ

2) ここ

3) から、まで

4) から、まで、で、くらい

5) は、じかん

3 1) 次（つぎ）の講義（こうぎ）は何時（なんじ）からですか。

2) バスで一時間（いちじかん）くらいかかります。

3) 講義（こうぎ）は九時（くじ）から二時（にじ）までです。

なんじから / にじから / なんじ / いちじ / なんじから / ろくじからじゅういちじまで

6課

●文型練習

1. ① A：テストはいつでしたか。
　　 B：おとといでした。
　 ② A：クラブはいつでしたか。
　　 B：月曜日でした。
　 ③ A：休みはいつでしたか。
　　 B：水曜日でした。
　 ④ A：デートはいつでしたか。
　　 B：おとといでした。
　 ⑤ A：会議はいつでしたか。
　　 B：昨日でした。

2. ① A：テストは昨日でしたか。
　　 B：いいえ、昨日ではありませんでした。おとといでした。
　 ② A：デートは月曜日ですか。
　　 B：いいえ、月曜日ではありません。火曜日です。
　 ③ A：試合は水曜日ですか。
　　 B：いいえ、水曜日ではありません。日曜日です。
　 ④ A：会議は明後日ですか。
　　 B：いいえ、あさってではありません。おとといでした。
　 ⑤ A：休みは木曜日ですか。
　　 B：いいえ、木曜日ではありません。土曜日です。

●練習問題

1　1) やすみ
　 2) もくようび
　 3) げつようび
　 4) かようび
　 5) すいようび
　 6) にねんまえ
　 7) ひる
　 8) よる

2　1) きのう
　 2) あした
　 3) 火、木、土
　 4) まえ
　 5) ごふん

3　1) 合コンはいつでしたか。
　 2) 試合は昨日ではありませんでした。
　 3) 五時七分前です。
　 4) 二年前には会社員でした。
　 5) あさってですか。

●聞き取り・書き取り練習

いつ / おとといでした / 火曜日 / いつ / あさって / あさって / 金曜日

7課

●文型練習

1. ① A：いくらですか。
　　 B：お握りは ひゃくごじゅうえんです。
　 ② A：いくらですか。
　　 B：靴は いちまんにせんえんです。
　 ③ A：いくらですか。

B：かばんは さんぜんごひゃくえんです。

④ A：いくらですか。

B：ビールは ごひゃくえんです。

⑤ A：いくらですか。

B：コーヒーは さんびゃくごじゅうえんです。

2. ① A：なしは いくらですか。

B：なしは いつつで ろっぴゃくえんです。

② A：ケーキは いくらですか。

B：ケーキは ふたつで ななひゃくえんです。

③ A：ももは いくらですか。

B：ももは ひとつで せんさんびゃくえんです。

④ A：みかんは いくらですか。

B：みかんは むっつで よんひゃくはちじゅう
えんです。

⑤ A：なすは いくらですか。

B：なすは よっつで にひゃくえんです。

●練習問題

1 1) うどん

2) ケーキ

3) コーヒー

4) ビール

5) みかん

2 1) みっつ

2) を

3) に

4) いかがですか。

5) は

3 1) てんぷらは いかがですか。

2) ラーメンに します。

3) りんごを みっつ ください。

4) 全部で いくらですか。

5) うどんと おにぎりを ください。

●聞き取り・書き取り練習

おにぎり / いくら / ひゃくにじゅうえん / みっつ / う
どん / いかがですか / も / かしこまりました / ぜ
んぶ

8課

●文型練習

1. ① A：卒業式は 何月何日ですか。

B：さんがつ はつかです。

② A：旅行は 何月何日ですか。

B：しがつ いつかから しがつ ここのかまで
です。

③ A：誕生日は 何月何日ですか。

B：くがつ ようかです。

④ A：春休みは 何月何日ですか。

B：さんがつ いつかです。

⑤ A：連休は 何月何日ですか。

B：ごがつ ついたちから ごがつ なのかまで
です。

2. ① A：なのかは なんようびですか。

B：にちようびです。

② A：ここのかは なんようびですか。

B：かようびです。

③ A：とおかは なんようびですか。

B：すいようびです。

④ A：じゅうよっかは なんようびですか。

B：にちようびです。

⑤ A：にじゅうよっかは なんようびですか。

B：すいようびです。

1 1) なんねんうまれ

  2) たんじょうび

  3) なつ

  4) あき

  5) れんきゅう

  6) はるやすみ

2 1) ついたち

  2) よっか

  3) むいか

  4) ようか

  5) とおか

3 1) 田中さんは なんねんうまれですか。

  2) 来月の じゅうよっかは なんようびですか。

  3) 明日は しちがつ ついたちです。

  4) なつやすみは いつですか。

  5) 再来週の 火曜日が 試験です。

● 聞き取り・書き取り練習

なんねんうまれ / せんきゅうひゃくはちじゅうよねん /
たんじょうび / しちがつついたち / なつ / くがつに
じゅうよっか / あき / らいげつ

9課

● 文型練習

1. ① かばん、おおきい

    かばん、おおきく ない

  ② くつ、あたらしい

    くつ、あたらしく ない

  ③ とけい、たかい

    とけい、たかく ない

  ④ キムチ、からい

    キムチ、からく ない

  ⑤ へや、ひろい

    へや、ひろく ない

2. ① 優しくて おもしろい

  ② 安くて おいしい

  ③ 黒くて 小さい

  ④ 狭くて うるさい

  ⑤ 赤くて おおきい

1 1) えいが

  2) おみせ

  3) じてんしゃ

  4) へや

  5) ゆびわ

  6) てんき

  7) とうきょう

  8) かぜ

  9) さいふ

  10) くつ

2 1) 小さい

  2) 古い

  3) 暑い

  4) おいしくない

  5) 短い

  6) 安い

  7) 狭い

  8) 易しい

  9) 重い

  10) 白い

3 1) あの 店の ラーメンは おいしくないです。

  2) この ケーキは 甘くて 安いです。

  3) キムチと たくあんと どちらが おいしいです
    か。

232

4) ソウルより 東京のほうが あたたかいです。
5) 自転車より 車の ほうが 高いです。

●聞き取り・書き取り練習

いかがですか / 広くて 楽しい / デート / やはり /
おいしい / どこ / ロッテワールド / と / どちらのほう
/ より / ほう / 広くありません

10課

●文型練習

① 家、新しかった / 家、新しくなかった
② 教科書、安かった / 教科書、安くなかった
③ 携帯電話、軽かった / 携帯電話、軽くなかった
④ 辞書、古かった / 辞書、古くなかった
⑤ 荷物、重かった / 荷物、重くなかった
⑥ 車、安かった / 車、安くなかった
⑦ 果物、高かった / 果物、高くなかった
⑧ 部屋、汚かった / 部屋、汚くなかった
⑨ 春、暖かかった / 春、暖かくなかった
⑩ 髪、長かった / 髪、長くなかった

●練習問題

1 1) たべもの
2) いちばん
3) ふんいき
4) にゅうじょうりょう
5) じしょ
6) きょうかしょ
7) くるま
8) とおい
9) くだもの

10) えき

2 1) この部屋は 汚くなかったです。
2) 春は 暖かかったです。
3) 髪は 長くなかったです。
4) この車は 安かったです。
5) 携帯電話は 軽くなかったです。

3 1) 食べ物も おいしかったです。
2) お好み焼きが 一番 おいしかったです。
3) 駅から 遠くなかったですか。
4) 入場料が 高かったでしょう。
5) 本当に 楽しかったです。

●聞き取り・書き取り練習

ディズニー・シー / おいしかったし / おもしろかっ
たし / おいしかったですか / 一番 / 遠くありませ
んでしたか / 高かったでしょう / おもしろかったで
す。

11課

●文型練習

1. ① 部屋、きれい / 部屋、きれい
② 東京、にぎやか / 東京、にぎやか
③ 金先生、親切 / 金先生、親切
④ 地下鉄、便利 / 地下鉄、便利
⑤ 友達、ハンサム / 友達、ハンサム
2. ① 温泉、好き、
好きです。
好きではありません。嫌い。
② サッカー、好き
好きです。
好きではありません。嫌い。
③ 水泳、上手

上手です。

上手ではありません。下手。

④ 歌、上手

上手です。

上手ではありません。下手。

⑤ 映画、好き

好きです。

好きではありません。嫌い。

● 文型練習

1. ① 部屋、きれいでした / 部屋、きれい / 部屋、
きれい
② 北京、にぎやかでした / 北京、にぎやか /
北京、にぎやか
③ 日本語、簡単でした / 日本語、簡単 / 日
本語、簡単
④ 交通、便利でした / 交通、便利 / 交通、便利
⑤ 友達、ハンサムでした / 友達、ハンサム /
友達、ハンサム

2. ① 静かなレストランですね。
② まじめな先生ですね。
③ きれいな歌手ですね。
④ 賑やかな町ですね。
⑤ 有名なお寺ですね。
⑥ 親切な日本人ですね。
⑦ りっぱな警察官ですね。
⑧ 簡単な本ですね。
⑨ 楽ないすですね。

● 練習問題

1 1) としょかん

2) うた

3) おんせん

4) りょうり

5) ちかてつ

6) ともだち

7) すいえい

8) えいが

2 1) この部屋は きれいではありません。
2) 友達は 親切です。
3) 飛行機は 安全です。
4) この車は 丈夫ではありません。
5) 携帯電話は 便利ではありません。

3 1) 田中さんは 歌が上手です。
2) 金さんは 映画が好きではありません。
3) この温泉は 静かです。
4) カンナム駅は にぎやかです。
5) 田中さんは ハンサムではありません。

● 聞き取り・書き取り練習

どうですか / おもしろい / 有名な日本のアニメ /
すてき / きれい / しずかなもの / にぎやかじゃあり
ませんね / 今度 / いかが / いい

● 練習問題

1 1) じつ

2) かんどうてき

3) おなじ

4) しゅじんこう

5) さいしょ

6) こうはん

2 1) 携帯電話は 便利ではありませんでした。
2) 京都は 静かでした。
3) 金先生は 親切ではありませんでした。
4) 妹は 元気でした。
5) 中村さんは 元気ではありませんでした。

3 1) 今日の 映画は いかがでしたか。
　2) 金さんは まじめな人でした。
　3) あまり、感動的ではありませんでした。
　4) 主人公は 大変でした。
　5) 後半は 幸せでした。

●聞き取り・書き取り練習

どうでした / 感動的 / 同じ / のは / 感動的じゃ
ありませんでした / よかったですね / りっぱでした
/ たいへんでした / かわいそうだった / しあわ
せ / 私のタイプ

13課

●文型練習

1. ① この 家は 古くて 汚いです。
　② 日本の食べ物は おいしくて 高いです。
　③ 京都は 静かで きれいです。
　④ この 携帯は 軽くて 便利です。
　⑤ 金さんは 日本語の教師で まじめです。
　⑥ チーズケーキは 甘くて おいしいです。
　⑦ 野球選手は 元気で かっこいいです。
　⑧ 田中さんは 頭が よくて ハンサムです。
　⑨ 彼女は きれいで 優しいです。
　⑩ モデルは スリムで かわいいです。
2. ① 日本語の勉強は 難しいですが(けど)、おも
　　しろいです。
　② お風呂は きれいですが(けど)、狭いです。
　③ 日本の交通は 便利ですが(けど)、高いです。
　④ 日本の生活は 楽しいですが(けど)、忙しい
　　です。
　⑤ この辺は 静かですが(けど)、交通は 不便です。
3. ① 日本語学校の先生は きれいだし やさしい

です。
　② 私の彼女は 髪が 長いし、きれいです。
　③ 私の彼女は 美人だし、背も 高いし、最高です。
　④ この 温泉は 景色も いいし、値段も 安い
　　し、気持ちもいいです。
　⑤ この食堂は おいしいし、安いし、静かです。
　⑥ 彼は まじめだし、顔もハンサムです。
　⑦ この図書館は 静かだし、本も 多いです。
4. ① 美人で 優しい人です。
　② 背が 高くて 親切な人です。
　③ 親切で にぎやかな町でした。
　④ 静かで 有名な町です。
　⑤ おいしくて世界的な食べ物です。

●練習問題

1 1) へん
　2) あかるい
　3) ふろ
　4) せいかつ
　5) おとく
　6) びじん
　7) けしき
　8) たんにん
2 1) ③　　　2) ④　　　3) ②
3 1) この辺は 明るくて 賑やかなところですね。
　2) 安くて おいしい店です。
　3) 雰囲気は いいですが(けど)、安くも おいしく
　　も ありません。
　4) すてきで いい店です。
　5) 担任の先生は どんな人ですか。

●聞き取り・書き取り練習

明るくて / ところ / どんな店 / やすくて おいしい
店 / いいけど / くも / くもありません / し / し / で

/ 安くなるし / お得になります。

●練習問題

1 1) れいぞうこ

2) なか

3) つめたい

4) おく

5) した

6) だん

2 1) ③　　　2) ②　　　3) ④

3 1) ビールは どこに ありますか。

2) 冷蔵庫の中に あります。

3) 一番 下の段に あります。

4) 田中さんの 部屋には テレビが ありますか。

5) コンビニの 後ろに 花屋が あります。

●聞き取り・書き取り練習

ありますか / 中に / だけ / のは / 右のたなの中に / どこ / 下の段 / 奥 / ありました

●文型練習

2. ① 家 / 誰 / います

金さん / います。

② 温泉の中には / 何 / います

猿二匹 / います。

③ 部屋 / 誰 / います

女性二人 / います。

④ 写真 / 誰 / います

母 / 父 / 子供 / います。

⑤ 教室 / 誰 / います

誰 / いません。

●練習問題

1 1) かぞく

2) いもうと

3) しゃしん

4) りょうしん

2 1) ④　　　2) ①　　　3) ①

3 1) チェさんは 何人家族ですか。

2) 写真は ありませんか。

3) デジカメの写真しか ありません。

4) 犬は いませんが、猫は います。

5) チェさんは お母さん似ですね。

●聞き取り・書き取り練習

何人家族 / 父、母、妹、弟 / いませんか / ありませんか / しか / すてきな家族 / 隣 / 後ろ / お母さん似ですね

●聞き取り・書き取り練習

と / 行きます / 行きませんか / 行く人 / 何で / で / 詳しくは / します / 飲み / いただきます。

17課

●聞き取り・書き取り練習

どこか / 行きました / 温泉 / から / 近くにあります / で / 食べましたか / 黒くて / おいしかった / どうやって / から / 乗りました / 入りました / ろてん / ろてん / には

18課

●文型練習

1. ① 田中さん、友達、会いたいですか。
   会いたいです。
   会いたくないです。

   ② バクさん、すし、食べたいですか。
   食べたいです。
   食べたくないです。

   ③ チェさん、ビール、飲みたいですか。
   飲みたいです。
   飲みたくないです。

   ④ イーさん、映画、見たいですか。
   見たいです。
   見たくないです。

2. ① 食堂、食事しに行きます。
   ② デパート、友達に会いに行きます。
   ③ 本屋、本を買いに行きます。
   ④ 海、泳ぎに行きます。
   ⑤ 喫茶店、コーヒーを飲みに行きます。

●練習問題

1 1) きょう

   2) ちょうし

3) じつりょく

4) にんげん

5) きぶん

6) よてい

2 1) ②　　　 2) ③　　　 3) ③

3 1) 今日の 鈴木は 調子がいいですね。
   2) 来週の 予定は 映画にします。
   3) 来週は 何が したいですか。
   4) 映画を 見に行きたいです。
   5) 寿司は 食べたくないです。

●聞き取り・書き取り練習

調子がいい / かっこういい / 好きなん / ぼく / なりたい / も / 気分がいい / 何がしたい / 見に行きたい / 映画にします

19課

●文型練習

1. ① 金さん、ほしいですか。
   家が ほしいです。

   ② パクさん、ほしいですか。
   犬がほしいです。

   ③ チェさん、ほしいですか。
   パソコンが ほしいです。

   ④ 中村さん、ほしいですか。
   帽子が ほしいです。

   ⑤ お母さん、ほしいですか。
   洗濯機が ほしいです。

2. ① 彼女は きれいな / 人気があります。
   ② 図書館の中な / 静かにします。
   ③ 明日は 日曜日な / 休みます。
   ④ 結婚する / お金が必要です。

⑤ 頭が痛い / 休みます。

1 1) このみ

2) のりごこち

3) うんてん

4) あたらしい

5) かう

6) こんど

2 1) ②　　2) ③　　3) ③

3 1) 先週、すごく安かったので、ローンで買いました。

2) 運転しやすくて とてもいいです。

3) 私も 新しい車が ほしいです。

4) いいですね。行きましょう。

● 聞き取り・書き取り練習

だれの / の / それほどでも / 好み / 安かったので / 買いました / 乗り心地 / しやすくて / ほしいです / 行きませんか / 行きましょう。

第3課

はじめまして、イーです。
처음뵙겠습니다. 이00입니다.

ダイアローグ

하야시 : 야마다씨. 이00씨입니다.
　　　　이00씨는 한국사람입니다.
이 : 　　처음 뵙겠습니다. 이00입니다.
　　　　부디 잘 부탁드립니다.
야마다 : 야마다입니다. 부디 잘 부탁드립니다.

文法

1. 「名詞1」は「名詞2」です。 [명사1]은 [명사2]입니다.
   - 비는 한국사람입니다.
   - 다나카씨는 일본사람입니다.

2. はじめまして 처음 뵙겠습니다.
   - 처음 뵙겠습니다. 나카무라입니다.
   - 처음 뵙겠습니다. 김00입니다.

3. ～さん ～씨
   - 김씨
   - 나카무라씨

4. どうぞ よろしく 잘 부탁합니다
   - 비입니다. 부디 잘 부탁드립니다.
   - 나카무라입니다. 부디 잘 부탁드립니다.

5. はい / いいえ 예/아니요

   - 예 , 회사원입니다.
   - 아니오, 학생입니다.

6. 名詞の活用 명사의 활용

	丁寧語 정중어
現在肯定 현재긍정	名詞 ＋ です 명사입니다 韓国人 です 한국사람입니다

第4課

これは なっとうですか。
이것은 낫토입니까?

ダイアローグ

박 : 　저, 실례합니다. 이것은 낫토입니까?
점원 : 아니오, 낫토가 아닙니다.
박 : 　그럼, 낫토는 어디에 있습니까?
점원 : 낫토 말입니까? 여기입니다.
박 : 　도시락과 차도 거기에 있습니까?
점원 : 아니오, 도시락과 차는 저기에 있습니다.
박 : 　추천하시는 차는 어느 것입니까?
점원 : 음……. 이것입니다.
박 : 　감사합니다.

文法

2. 名詞の活用 명사의 활용

1) ～では(じゃ)ありません。 ～이 아닙니다.
   - 이것은 와사비(고추냉이)가 아닙니다.
   - 다나카씨는 선생님이 아닙니다.

2) 〜ですか。 〜입니까?

- 이것은 낫토입니까?
- 낫토는 어디에 있습니까?

3. 〜の : 〜의, 〜의 것

- 홋카이도 라멘 ● 일본어 책 ● 다나카씨 가방
- A : 누구의 것입니까?
  B : 선생님의 것입니다.

4. 〜と : 〜와, 〜과

- 선생님과 학생
- 한국사람과 일본사람
- 도시락과 차

5. 〜も : 〜도

- 차도 거기에 있습니다.
- 이것도 다나카씨 것입니다.

第5課

バイトは何時からですか。
아르바이트는 몇시부터입니까?

ダイアローグ

김 :　저, 다음 강의는 몇 시부터입니까?
다나카 :　2시부터입니다.
김 :　지금, 몇 시입니까?
다나카 :　음……. 1시입니다.
김 :　아, 아직이군요.
다나카 :　김OO씨 우동가게 아르바이트는 몇 시부터입니까?
김 :　6시부터 11시까지입니다.

文法

4. 名詞 + からです。 : 〜에서(부터)입니다.

- 오늘은 38페이지부터입니다.
- 수업은 몇 시부터입니까?
- 김OO씨한테서 온 편지

5. 名詞 + までです。 : 〜까지입니다.

- 아르바이트는 9시까지입니다.
- 테스트는 몇 시까지입니까?
- 오늘은 여기까지입니다.

6. 名詞1 + から　名詞2 + まで : 〜에서(부터) 〜까지

- 은행은 오전 9시부터 오후 3시까지입니다.
- 서울에서 부산까지입니다.
- 아르바이트는 몇 시부터 몇 시까지입니까?

第6課

合コンは いつですか。
미팅은 언제입니까?

ダイアローグ

박 :　나카무라씨 미팅은 언제입니까?
나카무라 :　그저께였습니다.
박 :　아, 화요일이었습니까?
나카무라 :　아니오, 화요일이 아니었습니다. 월요일이었습니다.
　　　　　박OO씨는 언제입니까?
박 :　모레입니다.
나카무라 :　아, 모레입니까?
박 :　예, 금요일입니다. 응원, 잘 부탁드립니다.

文法

1. 名詞 ― 丁寧過去形の肯定と否定

- 휴일은 월요일이었습니다.
- 시험은 어제가 아니었습니다.

2. 曜日

- 어제는 월요일이었습니다.
- 오늘은 무슨 요일입니까?

3. 時

- (단체)미팅은 내일입니다.
- 시험은 그저께였습니까?

第7課

おにぎりはいくらですか。
주먹밥은 얼마입니까?

ダイアローグ

이 : 　　실례합니다. 주먹밥은 얼마입니까?
점원 : 　120엔입니다.
이 : 　　그럼, 주먹밥 세 개와 우동 주세요.
점원 : 　튀김은 어떻습니까?
이 : 　　튀김도 부탁합니다.
점원 : 　알겠습니다.
<식사가 끝나고>
이 : 　　전부 얼마입니까?
점원 : 　1080엔입니다.

文法

1. 名詞 + (を) ください。
   - 김치(를) 주세요.
   - 우동(을) 주세요.

2. 円 ～엔
   - 라면은 500엔입니다.
   - 담배는 240엔입니다.
   - 주먹밥도 240엔입니다.

第8課

何年生まれですか。
몇 년생입니까?

ダイアローグ

야마다 : 이OO씨는 몇 년생입니까?
이 : 　　　1984년생입니다. 야마다씨는요?
야마다 : 1986년생입니다. 그럼, 생일은 언제입니까?
이 : 　　　7월 1일입니다.
야마다 : 여름이군요.
이 : 　　　예, 그렇습니다. 야마다씨의 생일은요?
야마다 : 9월 24일입니다. 저는 가을입니다.
이 : 　　　아. 다음달이군요.

文法

1. 何年生まれですか。
   - 몇 년에 태어났습니까?

第9課

広くてとても楽しいです。
넓고 매우 즐겁습니다.

ダイアローグ

하야시 : 최OO씨 오다이바는 어떻습니까?
최 : 　　정말로 넓고 즐겁습니다.
하야시 : 데이트는 역시 오다이바입니다. 영화관, 관람차, 맛
　　　　있는 음식점(가게)도 잔뜩 있습니다. 한국에서는 어
　　　　디입니까?
최 : 　　여러 곳이지만, 저는 롯데월드입니다.
하야시 : 그럼, 롯데월드와 오다이바 중 어느 쪽이 즐겁습니
　　　　까?
최 : 　　글쎄요. 롯데월드보다 오다이바 쪽이 즐겁습니다.
　　　　롯데월드는 별로 넓지 않습니다.

文法

1. 「い形容詞の活用」 - 楽しい : 즐겁다

   1) 「い形容詞」의 긍정표현
   - 일본의 어묵은 맛있다.
   - 일본의 어묵은 맛있습니다.
   - 일본의 어묵은 맛있습니까?

   2) 「い形容詞」의 부정 표현
   - 일본의 어묵은 맛있지 않다.
   - 일본의 어묵은 맛있지 않습니다.
   - 일본의 어묵은 맛있지 않습니다.
   - 일본의 어묵은 맛있지 않습니까?

2. い形容詞 + 名詞 : ～한 ～
   - 비빔밥은 매운 요리입니다.
   - 이것은 비싼 가방입니다.
   - 큰 방

- 노란 반지
- 더운 날씨

3. ～より ～(の)ほうが : ～보다 ～쪽이(～편이)

1) 名詞 + より

- 이 자전거보다 쌉니다.
- 단무지보다 김치가 맛있습니다.

2) い形容詞 + の + より

- 짧은 것보다 긴 쪽이 비쌉니다.
- 더운 것보다 따뜻한 편이 좋습니다.

3) 名詞 + の + ほうが

- 도쿄보다 서울이 춥습니다.
- 저 가게가 맛있습니다.

4) い形容詞 + ほうが

- 큰 쪽이 비쌉니다.
- 추운 편이 좋습니다.

4. ～と ～と どちらのほうが ～ですか。 : ～과(와) ～중 어느쪽이 ～ㅂ니까?

- 김치와 단무지 중 어느 쪽이 맛있습니까?
- 도쿄와 서울 중 어느 쪽이 춥습니까?

5. い形容詞 + くて : ～고, ～서

- 넓고 즐겁습니다.
- 춥고 바람도 셉니다.
- 싸고 맛도 좋습니다.

第10課

本当におもしろかったです。
정말로 재미있었습니다.

ダイアローグ

다나카 : 박OO씨 디즈니씨는 어떠셨습니까?
박 : 음식도 맛있었고 어트랙션도 재미있었고 좋았어요.
다나카 : 음식 중에서 무엇이 제일 맛있었습니까?
박 : 오코노미야키가 가장 맛있었습니다.
다나카 : 역에서 멀지 않았습니까?

박 : 예, 그렇게 멀지 않았습니다.
다나카 : 그렇지만 입장료가 비쌌지요?
박 : 예. 좀 비쌌습니다.
　　　 하지만 정말로 재미있었습니다.

文法

2. ～でしょう : ～(겠)지요.

- 김OO씨도 선생님이지요?
- 오다이바도 즐겁겠지요?

3. ～よ : 강조, 감탄 (終助詞)

- 오다이바는 정말로 좋았어요.
- 일본어 수업은 정말로 재미있어요.

4. ～し : ～(하)고

- 저 가게는 가격도 싸고 분위기도 좋습니다.
- 놀이기구도 재미있었고 좋았습니다.
- 김선생님은 상냥하고 밝습니다.

第11課

一番有名な日本のアニメかんとくは誰ですか。
제일 유명한 일본의 애니메이션 감독은 누구입니까?

ダイアローグ

다나카 : 박OO씨 일본의 애니메이션은 어떻습니까?
박 : 아주 재미있습니다.
다나카 : 그럼, 한국에서 가장 유명한 일본 애니메이션 감독은 누구입니까?
박 : 역시 미야자키 하야오씨가 유명합니다.
다나카 : 미야자키 애니메이션은 그림이 멋지지요.
박 : 예. 그림이 아주 예쁩니다.
다나카 : 음악도 조용한 것이 많지요.
박 : 그래요. 별로 시끄럽지 않습니다.
다나카 : 그럼 다음에 함께 (보러 가는 건) 어떻습니까?
박 : 예. 좋아요.

1. な形容詞の活用 - 現在形

- 도서관은 조용합니다.
- 보아씨는 예쁩니다.
- 아직 일본어는 잘하지 못합니다.
- 비빔밥은 좋아하지 않습니다.

3. ～か : ～까(終助詞) – 문말에 붙여서 의문문을 만든다.

- 도서관은 조용합니까?
- 일본어를 잘하지 못합니까?

4. な形容詞 + 名詞です

- 조용한 도서관이군요.
- 예쁜 보아씨는 노래도 잘하는군요.
- 좋아하는 요리는 무엇입니까?

第12課

主人公はとてもりっぱでした。
주인공은 매우 훌륭했습니다.

ダイアローグ

다나카 : 박○○씨 오늘 영화는 어땠습니까?
박 : 예. 역시 감동적이었습니다.
다나카 : 나도 같습니다. 그럼, 지난주 영화는 어땠습니까?
박 : 지난주 것은 별로 감동적이지 않았습니다.
다나카 : 아. 그렇습니까? 역시 오늘 영화는 좋았지요.
박 : 오늘 주인공은 아주 훌륭했지요.
다나카 : 맨처음에 그 주인공은 힘들었지요.
박 : 예. 전반부에는 주인공이 아주 불쌍했지요. 하지만 후반부에는 행복했지요.
다나카 : 실은 그 배우가 제 타입입니다.

文法

1. な形容詞の活用 — 過去形

- 애니메이션을 좋아했습니다.
- 애니메이션을 좋아하지 않았습니다.
- 애니메이션을 좋아하지 않았습니다.

2. ～は どうでしたか : ～은 어땠습니까?

- 일본은 어땠습니까?
- 어제 파티는 어땠습니까?

第13課

この辺は明るくてにぎやかなところですね。
이 주변은 밝고 번화한 곳이군요.

ダイアローグ

최 : 이 주변은 밝고 번화한 곳이군요.
야마다 : 예, 신주쿠니까요.
최 : 어떤 가게가 좋습니까?
야마다 : 싸고 맛있는 가게입니다.
최 : 저어, 그럼……, 저 가게는 어떤 가게입니까?
야마다 : 분위기는 좋지만 싸지도 맛있지도 않습니다.
최 : 그럼 안되겠군요.
그럼……. 아. 저 가게는 어떤 가게였습니까?
야마다 : 저기는 싸고 맛있고, 멋지고 좋은 가게였습니다.
저기는 이 카드로 더 싸게 되고 포인트도 득이 됩니다.
최 : 그럼 저기가 좋겠네요.

文法

1. ～くて : ～하고, ～해서

- 비빔밥은 싸고 맛있습니다.
- 김치는 매워서 좋아하지 않습니다.

2. ～で : ～하고, ～해서

- 이 주변은 조용하고 교통이 편리합니다.
- 이 주변은 조용해서 좋습니다.

3. ～けど/～が : ～(지)만(역접조사)

- 일본어는 어렵지만 재미있습니다.
- 김○○씨는 성실하지만 핸섬하지는 않습니다.

4. ～くも ～くも ありません : ～(지)도 ～(지)도 않습니다.

- 일본은 춥지도 덥지도 않습니다.
- 학교에서는 가깝지도 멀지도 않습니다.

5. ~でも ~でもありません : ~(지)도 ~(지)도 않습니다.
   - 낫토는 좋아하지도 싫어하지도 않습니다.
   - 김OO씨는 선생님도 학생도 아닙니다.

6. ~くなる / ~になる : ~이 되다/ ~(어)지다
   ① 名詞／な形容詞 だ + に + 「なる」
   - 김OO씨는 일본어 선생님이 되었습니다.
   - 김OO씨는 지난주부터 성실해졌습니다.
   ② い形容詞 い + く + なる
   - 일본 우동이 저렴해졌습니다.
   - 아이가 커졌습니다.

7. ~し ~し : ~(하)고
   - 저 가게는 싸고 맛있다.
   - 이 주변은 조용하고 교통도 편리하다.

第14課

ビールはどこにありますか。
맥주는 어디에 있습니까?

ダイアローグ

하야시 :   맥주는 어디에 있습니까?
이 :   냉장고 안에 있습니다.
하야시 :   어?, 한 개뿐이네요.
이 :   차갑지 않은 것은 테이블의 오른쪽 선반 안에 있습니다.
하야시 :   저어, 어딥니까?
이 :   가장 아래 단입니다.
하야시 :   저어…….
이 :   왼쪽 안입니다.
하야시 :   아, 있었습니다.

文法

1. 存在動詞 : あります (있습니다)
   - 맥주가 있습니다.
   - 서점은 도서관 바로 옆에 있습니다.

2. 場所(장소) + に + 名詞 + があります。

   - 롯데호텔은 어디에 있습니까?
   - 주스는 냉장고 안에 있습니다.

3. ~だけ : ~만(뿐)
   - 나한테는 당신뿐입니다.
   - 학교에는 선생님뿐입니다.

4. ~のは/~のも/~のが : ~것은, ~것도, ~것이
   - 이 케이크는 내 겁니다.
   - 당신 것은 그겁니다.
   - 선생님 것도 있습니다.
   - 이 중에서 선생님 것이 제일 비쌉니다.

第15課

妹さんはいませんか。
여동생은 없습니까?

ダイアローグ

하야시 :   최OO씨는 몇 식구입니까?
최 :   다섯 식구입니다. 아버지와 어머니와 언니와 남동생이 있습니다.
하야시 :   여동생은 없습니까?
최 :   여동생은 없습니다.
하야시 :   사진은 없습니까?
최 :   디지털카메라 사진밖에 없습니다. 이것이 우리 가족 사진입니다.
하야시 :   멋진 가족이군요.
최 :   내 앞이 남동생이고 옆이 언니, 뒤가 부모님입니다.
하야시 :   최OO씨는 어머니를 닮았군요.
최 :   그렇습니까?

文法

1. 存在動詞 : います (있습니다)
   - 방에 개가 있습니다.
   - 나카무라씨는 어디에 있습니까?
   - 선생님은 학교에 있습니다.

2. ~しか : ~밖에 (없다)
   - 만 엔밖에 없습니다.

第16課

明日、友達と横浜へ行きます。
내일 친구와 요코하마에 갑니다.

ダイアローグ

최 : 내일 친구와 요코하마에 갑니다. 하야시씨도 같이 가지 않겠습니까?

하야시 : 글쎄요. 누구? 같이 가는 사람은?

최 : 야마다씨입니다.

하야시 : 무엇으로 갑니까?

최 : 전철로 갑니다. 어떻습니까?

하야시 : 그럼, 나도 가겠습니다.

최 : 자세한 것은 나중에 전화하겠습니다.

하야시 : 답례로 이거라도 마시지 않겠습니까?

최 : 아, 감사합니다. 잘 마시겠습니다.

文法

3. ます・ません + か

- 내일은 회사에 가지 않습니다.
- 함께 먹지 않겠습니까?

4. 動詞の基本形 + 名詞

- 쓰는 사람 / 쓸 사람
- 먹는 빵 / 먹을 빵
- 읽는 책 / 읽을 책

5. 〜で（行く）

- 버스로(버스를 타고) 가다.
- 포크로(포크를 가지고) 먹는다.

第17課

週末にどこか行きましたか。
주말에 어딘가 갔었습니까?

ダイアローグ

하야시 : 최OO씨 주말에 어딘가 갔습니까?

최 : 온천에 갔습니다.

하야시 : 어디 온천입니까?

최 : 하코네 온천입니다. 여기에서 의외로 가까이 있습니다.

하야시 : 하코네에서 온천달걀을 먹었습니까?

최 : 예, 먹었습니다.
겉이 검어서 놀랐지만 맛있었습니다.

하야시 : 어떻게 갔습니까?

최 : 신주쿠에서 오다큐선의 로맨스카를 탔습니다.

하야시 : 노천온천에 들어갔습니까?

최 : 예, 노천온천 말입니까? 노천온천에는 들어가지 않았습니다.

文法

1. 動詞の過去形

- 아침에 빵을 먹었습니다.
- 아무것도 먹지 않았습니다.

2. どこか : 어딘가

例 だれか (누군가)
いつか (언젠가)
なにか (무언가)

- 일요일에 어딘가 갔습니까?
- 뭔가 먹었습니까?
- 어제 누군가 왔습니까?
- 언젠간 오겠죠.
- 이것이 뭔지 아십니까?

3. 장소 + で + 동작동사 : 〜에서 (〜을/〜를) 하다

- 호텔에서 미팅을 합니다.
- 일요일에도 학교에서 공부했습니다.

4. 동작의 귀착점 조사 「に」

- 학교까지는 버스를 탑니다.
- 안에 들어갑니다.

第18課

だい か

映画を見に行きたいです。

えい が み い

영화를 보러 가고 싶습니다.

ダイアローグ

다나카 : 오늘 스즈키는 컨디션이 좋네요.
박 : 예, 정말이네요.
다나카 : 스즈키는 멋있네요.
박 : 예, 나, 좋아합니다.
다나카 : 나도 실력 있는 사람이 되고 싶습니다.
박 : 다나카씨도 실력 있어요.
다나카 : 그렇습니까? 감사합니다.
　　　　기분이 좋군요. 박OO씨, 다음 주에는 무엇을 하고 싶습니까?
박 : 글쎄요. 영화를 보러 가고 싶습니다.
다나카 : 그럼, 다음 주 예정은 영화로 하지요.

文法

1. 動詞の「ます形」 + たい : ~(고) 싶다
   どう し　けい
   - 케이크를 먹고 싶습니다.
   - 편지를 일본어로 쓰고 싶습니다.

2. 動詞の「ます形」 + に + 行きます／来ます : ~(하)러 갑니다/ 옵니다
   どう し　けい　　　　い　　　き
   - 지금 만나러 가겠습니다.
   - 점심을 먹으러 오겠습니다.
   - 공원에 산책하러 가겠습니다.

3. 「名詞」 + に + する : ~로 하다(정하다)
   めい し

うどん 우동	に	します
コーヒー 커피	로	하겠습니다
映画 영화 えい が		

4. ~ん
   - 김치는 좋아하지 않습니다. 맵습니다.
   - 나, 좋아합니다.

5. の : 접속의 주격 조사로 「~が」의 의미로 사용한다.
   - 분위기가 있는 가게가 좋습니다.

第19課

だい か

私も新しい車がほしいです。

わたし あたら くるま

나도 새 자동차를 갖고 싶습니다.

ダイアローグ

최 : 하야시씨, 이 차 누구 겁니까?
하야시 : 제 겁니다. 지난주에 샀습니다.
최 : 어머! 굉장하네요.
하야시 : 그 정도는 아니에요. 제 이상형인 도요타의 스포츠카가 지난주에 매우 쌌기 때문에 할부로 샀습니다.
최 : 승차감은 어떻습니까?
하야시 : 운전하기 편해서 아주 좋습니다.
최 : 저도 새 차를 갖고 싶어요.
하야시 : 다음에 드라이브하러 안 가갈래요?
최 : 좋아요. 가요.

文法

2. ~ましょう／~ましょうか : ~(합)시다 ／ ~(할)까요

   1) 1グループ 「ru동사(1단 동사)」
   - 도쿄에 함께 갑시다.
   - 도쿄에 함께 갈까요?

   2) 2グループ 「ru動詞(一段)」
   どう し　いちだん
   - 영화를 함께 봅시다.
   - 영화를 함께 볼까요?

   3) 3グループ (불규칙 동사)
   - 일본어학원에서 함께 공부합시다.
   - 일본어학원에서 함께 공부할까요?

3. ~ので : ~(이)어서, ~(이)기 때문에

   1) 名詞／な形容詞(だ) + な + ので
   めい し　　けいようし
   - 내일, 시험이라서 공부를 합니다.
   - 이OO씨는 예뻐서 인기가 있습니다.

   2) 動詞／い形容詞 基本形 + ので
   どう し　　けいようし　き ほんけい
   - 항상 일본어로 말해서 일본어를 잘하게 되었습니다.
   - 이미 레포트를 제출했기 때문에 지금부터 마시러 갑니다.

4. 動詞のます形 + やすい／にくい： 〜하기 쉽다/〜하기 어렵다

1) 1グループ 「u動詞(5段動詞)」
- 일본술은 마시기 쉽습니다.
- 이 게임은 하기 어렵습니다.

2) 2グループ 「ru動詞(一段)」
- 이 지도는 보기 쉽습니다.
- 일본어는 가르치기 어렵습니다.

3) 3グループ(変格動詞)
- 이 차 운전은 하기 쉽습니다.